Wolfgang Huhn
Wolfgang Rönsberg

COMPLIANCE

Kreative Strategien
für Vor- und Sprechzimmer

Mit freundlicher Empfehlung

überreicht durch
GÖDECKE AG, BERLIN
Werk Freiburg

Dilzem® retard-Praxis-Service

COMPLIANCE

Kreative Strategien
für Vor- und Sprechzimmer

Wolfgang Huhn
Wolfgang Rönsberg

MENSCHENFÜHRUNG IN DER ARZTPRAXIS BAND 5

Illustrationen: E. Liebermann

Herausgegeben von der
Gesellschaft für Forschung und Beratung in der
Allgemeinmedizin
Dr. Wolfgang Huhn - Dr. Wolfgang Rönsberg
Berlin - München

Grafik: S. Mattheis - Moskito, Berlin
Satz: U. Abel - Synchron Verlag, Berlin
   auf Quark XPress ®
Herstellung und Druck: Kösel

ISBN 3-88911-104-1 im Vertrieb der Synchron Verlag GmbH
Postfach 42 05 44 - D 1000 Berlin 42

Copyright © 1990 by Wolfgang Huhn
              und Wolfgang Rönsberg
Nachdruck, auch auszugsweise, jede Art der Vervielfältigung und die Verwendung des Inhaltes für Seminar- oder Trainingszwecke nur mit schriftlicher Einwilligung der Autoren.
Printed in Germany

Beliebt ist stets der Patient,
Der seine Leiden selbst erkennt
Und nun den Doktor unterrichtet,
Zu welchen Mitteln er verpflichtet.
Tut der jedoch dergleichen *nicht*,
Nein, eigensinnig seine Pflicht,
Hat er sichs selber zuzuschreiben,
Wenn solche Kranke fern ihm bleiben
Und künftig nur zu Pfuschern gehn,
Die sie (und ihr Geschäft) verstehn.

Eugen Roth *)

---

*) Abdruck mit freundlicher Genehmigung der Dr. Eugen Roth Erben, München.

DANK

Als Übersicht lebt dieses Buch von der Substanz der Original-Literatur, besonders aber von den Titeln, die wir in der kommentierten Leseliste gesondert empfehlen.

Jeder Kunstgriff ist durch das Filter langjähriger eigener Praxis gegangen. Dank gebührt den Patienten, die durch ihre tägliche »Abstimmung mit dem Mund« halfen, Brauchbares von weniger Tauglichem zu scheiden.

Kontur und Handlungsnähe entwickelten sich daneben aus zahllosen Gesprächen mit Kollegen/-innen und Arzthelferinnen, denen wir an dieser Stelle Dank sagen.

Besondere Erwähnung schulden wir:

>Dr. med. John **Urquhart**, Palo Alto, für umfassende Information über neueste Entwicklungstrends der Complianceforschung,

>Dr. iur. Ulrich **Lohmann**, Max-Planck-Institut für internationales Sozialrecht, München, für vertiefende Diskussionen zu ethischen und juristischen Aspekten,

>Doris **Fendt** und Susanne **Dehl**, München, für engagierte Entwicklung praktikabler Vorzimmer-Strategien, und

>Olaf-Arnold **Koch**, Irschenberg, für tatkräftige Unterstützung bei Literatur-Recherchen.

Berlin - München, im Mai 1990

Wolfgang Huhn   Wolfgang Rönsberg

Legende:

Symbol   - betrifft Aktivitäten ...

   des Arztes

   der Arzthelferin

   des Patienten.

(G)   verweist auf das Glossar im Anhang.

Inhaltsverzeichnis

Compliance - Skizze eines Handlungsbedarfs   7

Ein typischer Fall ...   11

Compliance und:

    Hypertonie   17

    Diabetes mellitus   31

    Adipositas   43

    Ulcus duodeni   57

    Funktionelle und depressive Syndrome   71

    Rauchen   83

    Impfungen   93

    Diverses: Vom Asthma bis zum Wanderschmerz   105

Ethische und juristische Aspekte   115

Epilog: Lob der Non-Compliance   125

Compliance-Telex   129

Glossar   141

Kommentierte Leseliste   151

Literaturverzeichnis   155

COMPLIANCE -
Skizze eines Handlungsbedarfs

»Beachtung muß auch jener Schwachheit des Patienten geschenkt werden, oftmals über die Einnahme der verordneten Arznei die Unwahrheit zu sagen. Patienten, die es unterließen, die von ihnen verabscheute Medizin einzunehmen, ..., sind häufig gestorben. Ihre Nachlässigkeit tritt aber nicht zutage, sondern die Schuld wird auf den Arzt geschoben.« (zit. n. Lachnit 1982) So zu lesen bei **Hippokrates** in seiner Schrift »Über den Anstand«. Anders als das gut 20-jährige Modewort »Non-Compliance« kennt man die Nicht-Befolgung also ebenso lange, wie es ärztliche Anordnungen gibt. Auch an der Gepflogenheit der Schuldzuweisung hat sich in zweieinhalb Jahrtausenden nicht viel geändert.

Ärzte sind in der Regel gut informiert über Non-Compliance, halten sie aber überwiegend für ein Problem der **anderen** Kollegen. Die emotionale Seite des Gegenstands beleuchtet das folgende Zitat: »Den meisten Ärzten geht das Gerede von der Befolgung oder der Nichtbefolgung schon lange auf die Nerven.« (Weber 1982) Das ist verständlich, gehört doch der Alltag eines Gesundheits**lehrers** nicht zu den Höhenflügen des ärztlichen Berufs. Andrerseits ist jeder therapeutische Fortschritt nur so gut wie das schwächste Glied seiner Anwendung. Das aber scheint häufig der Patient zu sein, wie aus den folgenden Fakten deutlich wird:

Non-Compliance - ist häufiger als ihr Gegenteil,

Über alle nosologischen, soziographischen etc. Unterschiede hinweg läßt sich das Problem grob, aber anschaulich, mit der U-Verteilung nach Gordis et al. (1969) darstellen: In einer Balkengraphik findet man etwa ein Drittel konsequente Befolgung, ein Drittel totaler Non-Compliance und ein Drittel verteilt auf fließende Übergänge. (Abb.1) Der Compliance-Quotient ist dabei definiert als das Verhältnis von tatsächlicher Therapiedurchführung und Therapieanweisung (Linden 1981). Wer also 3x1 verordnet bekommt, aber nur 2x1 einnimmt, erreicht einen Compliance-Quotienten von 0,66. Auch Quotienten größer als 1 sind möglich, z.B. in der Schmerztherapie.

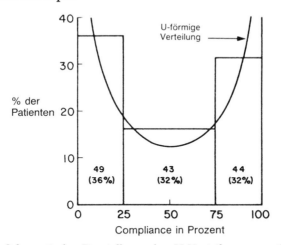

Abb.1: Schematische Darstellung der U-Verteilung von Compliance, modifiziert nach Gordis et al. (aus: Haynes, R. B. et al.: Compliance-Handbuch, Verlag für angewandte Wissenschaften, München 1986)

- macht nicht halt vor vitalen Indikationen,

Der Schweregrad der Erkrankung hat keinen entscheidenden Einfluß auf Compliance. Das heißt: Auch da, wo sie besonders wichtig wäre, muß man sie vermissen. So folgen bei malignen Erkrankungen im Kindesalter 33% der Eltern nicht den Behandlungsvorschlägen der Ärzte (Wagener 1988). Ein weiteres drastisches Beispiel: In einer Studie zur Cyclosporin-Behandlung nach Organtransplantation fanden sich insgesamt 18% Non-Complier, in der Gruppe der 20-jährigen gar 57%. Konsequenz: 91% der Non-Complier hatten Abstoßungs-Reaktionen, 15% davon starben (Rovelli et al. 1989).

- kostet ein Vermögen,

Zwei Zahlen zur Kostenseite der Non-Compliance:
Nach Heilmann sind bis zu 30% der Krankenhauseinweisungen Folge falscher Arzneimittelanwendung durch den Patienten zuhause (Heilmann 1988). Häufig ist ein sogenannter »drug holiday«(G) der Auslöser: Auch von sonst kooperativen Patienten pflegen 15 - 20% pro Monat für einige Tage mit ihrer Dauertherapie zu pausieren (Lasagna 1988).
Der Wert nicht eingenommener Medikamente, die auf die Müllkippe wandern, wird für die Bundesrepublik Deutschland jährlich auf ca. 6 Milliarden DM geschätzt (Bulk 1989). In den USA spricht man auch vom »Parkplatz-Effekt« (Urquhart 1989), weil sich dort viele

Patienten gleich nach Verlassen der Arztpraxis größerer Arzneimengen entledigen.

- und hält Chefärzte ebenso zum Narren wie Studienanfänger.

Sollen Ärzte die Compliance ihrer Patienten einstufen, so liegt die Trefferquote im Zufallsbereich. Medizinstudenten unterscheiden sich hier nicht signifikant von erfahrenen Klinikern (Dunbar, Stunkard 1979). Das ist kaum als Mangel an Menschenkenntnis zu interpretieren, sondern Folge der Tatsache, daß Non-Compliance überaus komplex ist, daß es den »typischen Non-Complier« nicht gibt (Blackwell 1972). Außerdem trägt ein Phänomen zur Maskierung der Non-Compliance bei, das die Amerikaner den »toothbrush-effect« **(G)** (Urquhart 1989) nennen: Ein bis zwei Tage vor einem Arztbesuch wird die Einnahme der verordneten Tabletten wiederaufgenommen, analog zum Zähneputzen vor einem Zahnarzttermin.

Insgesamt ist die Einschätzung der Compliance beim **eigenen** Patientenstamm regelmäßig weitaus besser als das Resultat von Nachprüfungen (Caron, Roth 1968). Machen Sie die Probe aufs Exempel! Lassen Sie **Ihre** Patienten Revue passieren, und versuchen Sie, das Drittel totaler Non-Complier zu identifizieren!

Vielleicht stimmen Sie nach diesem Selbstversuch zu: Es scheint ein Zusammenwirken von Verdrängung und

Vertrauensseligkeit zu geben, was die Augen des Arztes gnädig verschließt. Doch Verdrängung beiseite: Non-Compliance ist ein ernstes Problem, letztlich eine Verschleuderung von Geld, Energie und Vertrauenskapital.

Die Compliance-Forschung hat in den letzten zwanzig Jahren eine Fülle von Handlungsansätzen entwickelt. Die Zeiten des Schulmeisters sind vorbei. Er hat dem Kommunikations-Virtuosen das Feld geräumt. Es läßt sich erhebliche Energie - und therapeutisches Selbstwertgefühl - zurückerobern, wenn man die Motivation des Patienten als **Herausforderung** begreift und nicht als lästige Nebenaufgabe.

Fast überflüssig zu sagen: Wenn ein Arzt dieses gravierende verhaltensmedizinische Problem angeht und der Lösung näherbringt, dann wirkt sich dies auch auf das Gedeihen der Praxis aus. Und zwar nach allem, was man beobachten kann, stärker als ein komplettes Marketing-Programm einschließlich Saftbar und Kaffeeautomat!

Ein typischer Fall...

Der 52-jährige Kraftfahrer war nie krank. Er wäre heute noch frei von Gesundheitssorgen, hätte nicht der Doktor anläßlich einer banalen Grippe einen Bluthochdruck festgestellt. Jetzt ist er mehr nolens als volens relativ regelmäßiger Gast in der Sprechstunde. Darin erschöpft sich seine Mitarbeit aber auch schon. Bei der Befolgung der ärztlichen Anordnungen nimmt er es weniger genau.

Zunächst kommt sein Behandlungswiderstand durchaus logisch daher. Das anfänglich verordnete milde Diuretikum löst ausgerechnet bei ihm eine Harnflut aus. Und das muß der Arzt schon einsehen, daß ein Kraftfahrer seinen Lkw nicht alle zehn Minuten vor einem geeigneten Baum parken kann. Im Laufe der Zeit stellt sich aber heraus, daß der Patient eigentlich an **jedem** Mittel etwas auszusetzen hat. Ein Hinweis darauf, daß das Problem wahrscheinlich nicht auf der konkreten Ebene der realen Nebenwirkungen zu suchen ist, sondern auf einer übergeordneten.

Inzwischen hat er sechs bewährte Standardmedikamente durchprobiert, und heute berichtet er frohgemut: »Ihr Mittel hab' ich nicht mehr genommen, Herr Doktor, sondern Knoblauchkapseln. Mein Chef nimmt die seit Jahren. Er sagt, die sind besser und außerdem natürlich.«

Jeder Leser kennt diesen Patienten. Und vielleicht wird er sich auch schon fragen: Wie mag der Arzt wohl reagieren? Wird er mannhaft den Zweikampf suchen zur Bändigung des Ungehorsams? Oder beleidigt resignieren nach der Devise: »Jeder ist seines Glückes Schmied.«?

... und eine undogmatische Lösung

Weder - noch! »Das finde ich ausgezeichnet, daß Sie sich so aktiv mit Ihrer Krankheit auseinandersetzen!«, beginnt der Arzt. Mit den Wölfen heulen, sagt der Volksmund dazu. »Und Ihren Vorschlag sollte man unbedingt ausprobieren. Zuweilen zeigt der Knoblauch Erstaunliches, **vor allem, wenn man ihn ausreichend dosiert!**« Und dann bringt er ein trojanisches Pferd hinter die Linien des Non-Compliers: »Ich gebe Ihnen leihweise ein Blutdruck-Meßgerät mit, damit Sie den Erfolg selbst überprüfen können. Und Sie steigern einfach so lange die Menge der Knoblauchtabletten, bis sich der Blutdruck zuverlässig unter 150/90 bewegt.«

Bei zwölf Tabletten täglich soll der Patient aufgegeben haben, weniger aus eigenem Antrieb, als auf Bitten von Ehefrau und Beifahrer. Er sei zwar noch kein Musterschüler, so der Berichterstatter, aber doch weitaus kooperativer.

Rhetorica magna

»Der Arzt soll zusehen, daß seine Ratschläge auch ankommen. In dieser Kunst hat die Rhetorik sein Lehrer zu sein.« So schreibt Lanfranc in seiner »Chirurgia magna« aus dem Jahre 1296. Die Sentenz scheint auch 700 Jahre später gültig, im Zeitalter des mündigen Verbrauchers. Im beschriebenen Fall war die ärztliche

Rhetorik erfolgreich, **weil** sie die konventionelle Verhaltenslogik ignorierte, und nicht, obwohl sie das tat.

Der Kollege, der diesen Fall auf einem Seminar referiert hat, berichtet übrigens, er habe bei der letzten Konsultation überhaupt nicht nachgedacht. Irgendwie habe er **intuitiv** gespürt, daß man sich offenbar momentan in zwei Welten befinde, und daß es jetzt an ihm sei, einen Schritt in die Welt des Patienten zu tun. Der Rest würde sich dann von selbst erledigen, sei sein Gefühl gewesen. Das deckt sich mit der oft geäußerten Erfahrung, daß konstruierte Interventionen meist mit einem Holzbein daherkommen, während die wirklich eleganten und wirkungsvollen Einfälle gleichsam automatisch plötzlich da sind.

Nun ist es mit der Intuition so eine Sache: Sie ist eine launische Gefährtin, die sich nicht kommandieren läßt wie das logische Denken. Andererseits ist sie aber auch nicht völlig unberechenbar und kapriziös. Man kann sie durchaus geneigt machen, einem öfter zur Seite zu stehen. Das Büchlein in Ihren Händen will das katalysieren. Es sucht den Dialog mit beiden Gehirnen: Weder die linkshemisphärische ratio noch die rechtshirnige Intuition sollen zu kurz kommen.

Auch bei der praktischen Anwendung liegt die eigentliche Kunst in der Korrespondenz von Teil und Ganzem: Die Aktivitätstabellen für Arzt, Arzthelferin und Patient enthalten eine Fülle von Mosaiksteinen, deren Wirkung überwiegend experimentell gut belegt ist. Sie werden umso erfolgreicher sein, je kreativer und individueller ihr Ensemble auf den jeweiligen Patienten zugeschnitten ist. Die gute Arzt-Patienten-Beziehung, als wichtigste, - ganzheitliche -, Compliance-Stütze wird davon lebhaft profitieren!

HYPERTONIE

Zur Lebensphilosophie des typischen Hypertonikers gehört es, daß er den »Genuß« zivilisatorischer Risiken zum Programm erhebt. Entsprechend hartnäckig ist seine Bereitschaft, das riskante Verhaltensrepertoire zu verteidigen. Kaum ein Abwehrmechanismus, der dabei nicht benutzt wird: Bagatellisieren, Rationalisieren, Verleugnen, Verdrängen... Aus dem Autoritäts-Konflikt der Hochdruck-Persönlichkeit (Wesiack 1980) folgt außerdem, was der Hypertoniker von ärztlicher Führung und einem konsequenten Tabletten-Regime hält.

In der Sprechstunde prallen also zwei grundverschiedene Welten aufeinander: Die nüchterne Problemsicht des Arztes auf der einen Seite, emotionalisierte Abneigung gegen Medikamente auf der anderen, gepaart mit weitestgehendem Mangel an Problembewußtsein und Leidensdruck. Nicht zufällig war und ist Hypertonie die Hauptdomäne der Compliance-Forschung.

Kommunikations-Kunst von Arzt und Mitarbeitern sind hier besonders gefordert. Welche Register zu verbesserten Erfolgen beitragen, zeigt die folgende Übersicht:

HYPERTONIE

Laienkonzept klären: Im Rahmen einer Erörterung (nach Nr.11) läßt sich fragen: Was weiß der Patient über Hypertonie? Hält er sie überhaupt für eine Krankheit? Kommt hoher Blutdruck in seinem persönlichen Umfeld vor, und wie gehen die Betroffenen damit um? Was weiß er selbst über Behandlungsmethoden, und welche Meinung hat er dazu?
Die Laientheorien mögen im Einzelfall recht absurd erscheinen. Sie sind aber das **Nadelöhr zur Motivation** des Patienten (Bischoff, Zenz 1989). Ein Behandlungsvorschlag hat keinerlei Chance, wenn er nicht zum Erklärungsmodell des Patienten paßt.
Ein Beispiel: »Bei uns in der Familie haben alle Hochdruck.« Das bedeutet unter Umständen: Der Patient hält Hypertonie a) für erblich, b) für keine Krankheit und c) für letztlich unbeeinflußbar. Fragt man hier genauer nach dem Schicksal der älteren Hypertoniker, so gelingt es oft, den Patienten nachdenklich zu machen und sein starres Schema aufzuweichen.

Nutzenanalyse: Mit dem Patienten gemeinsam den Nutzen seiner Mitarbeit dialogisch herausarbeiten: »Was, glauben Sie, ist Ihr Gewinn, wenn Sie aktiv an den Behandlungsmaßnahmen mitwirken?« Vage Gehorsamsbekundungen sind als Antwort zu wenig. Je konkreter der Nutzen benannt werden kann, desto wahrscheinlicher ist die

HYPERTONIE

Chance, daß das Thema nicht wieder verdrängt wird: »Ihr Vorteil dabei wäre also, daß Sie den Herzbeschwerden vorbeugen können, unter denen Ihr Vater leidet.«

Voreilige Medikation vermeiden! Falls nicht die Symptomatik, z.B. bei der hypertonen Krise, zu sofortigem Eingreifen zwingt, zunächst Verlaufsbeobachtung vereinbaren!

Anfängliche Blutdruck-Selbstmessung mit Leihgerät: Die nicht wahrnehmbare Krankheit nimmt so allmählich für den Patienten konkrete Gestalt an. Einweisung in die Selbstmessung delegieren!

Allgemeinmaßnahmen: Der übergewichtige Hypertoniker kann pro Kilogramm Gewichtsabnahme mit einer Blutdrucksenkung von 3 mmHg rechnen. Verzicht auf 6 Gramm Kochsalz, das ist die Hälfte des Durchschnittskonsums, senkt den Blutdruck um 10 mmHg (WHO 1980). Gewürzalternativen empfehlen!

Wenn nötig: Behutsamer Aufbau einer übersichtlichen Medikation! Da der Bluthochdruck in der Regel lange genug unbehandelt bestanden hat, wird folgendes Vorgehen besprochen: Man tastet sich absichtlich langsam von unten an eine ausreichende Dosis heran. Wann

HYPERTONIE

immer möglich, wird dabei der Einmal-Dosierung der Vorzug gegeben. Langsamer Wirkungseintritt ist also - vorab vereinbart - Absicht und kein Behandlungsmangel. Daß sich die Einstellung u.U. über ein Vierteljahr erstreckt, nimmt man lieber in Kauf als vermeidbare Nebenwirkungen. Ein ausgeprägtes orthostatisches Syndrom z.B. pflegt den vorher beschwerdefreien Patienten auf Jahre für Behandlungsvorschläge immun zu machen.

Interpretation des Beipackzettels: Es hat keinen Sinn, die Augen davor zu verschließen: Der Patient wird den Nebenwirkungskatalog sowieso lesen. Also ist es besser, ihn schonend an das Problem heranzuführen, als ihn der Konfrontation allein zu überlassen (Aumiller 1982).

Risiko quantifizieren: Bei intelligenteren Patienten kann der kognitive Weg helfen, Risiken quantitativ faßbar zu machen. Eine graphische Risikoskala (Abb.2) erweist sich dabei als hilfreich. Als Bezugrisiken sind vorgegeben: Zigarettenrauchen mit ca. 1:200, Autofahren mit ca. 1:5000 und die Benutzung von Linienflugzeugen mit ca. 1:1 Million, also die dünngedruckten Risiken der Abbildung. Der Patient wird dann gebeten, zunächst die Risikostufe der Medikamentenbehandlung abzuschätzen, dann die des unbehandelten Bluthochdrucks.

HYPERTONIE

Viele Patienten möchten sich hier nicht festlegen. Das Vorgehen macht sie aber zumindest neugierig auf die Tatsache, daß ein unbehandelter Blutdruck fünftausendmal gefährlicher ist, als alle Formen der Medikamenteneinnahme zusammengenommen.

Bei Patienten mit Humor kann man das Rechenspiel noch weiter treiben: Wenn nur 10% der Hochdruckpatienten vom Packungsprospekt abgeschreckt werden, ihr Mittel zu nehmen, dann ist das Lesen des Beipackzettels fünfhundertmal gefährlicher als die Einnahme eines Blutdruckmittels.

Einschränkender Hinweis: Weniger intelligente Zeitgenossen werden durch Erörterungen dieser Art nur kopfscheu gemacht.

HYPERTONIE

Risiko	Aktivität
1:10 (10%)	
	1:50 - unbehandelter Bluthochdruck
1:100 (1%)	
	1:200 - Zigarettenrauchen
1:1000 (0,1%)	
	1:5000 - Autofahren
1:10.000	
1:100.000	
	1:250.000 - Einnahme eines Arzneimittels
1:1 Million	1:1 Mio. - Benutzung v. Linienflugzeugen

Abb. 2: Risiko für den einzelnen, innerhalb eines Jahres an einem Ereignis oder einer freiwilligen Aktivität vorzeitig zu sterben. (Modifiziert nach Heilmann und Urquhart 1983)

HYPERTONIE

Schriftliche Einnahmevorschrift: Eine Reihe geeigneter Vordrucke, zum Teil im Durchschreibeverfahren, wird dem Arzt kostenlos zur Verfügung gestellt. Besondere Erwähnung verdient das Memozept^R-System.

Kontrollen: Bei Zweifeln an der Einnahmetreue kommen verschiedene Möglichkeiten in Betracht:
1. Befragen: 40% der Non-Complier antworten wahrheitsgetreu, wenn man sie halbwegs diplomatisch fragt, z.B.: »Den meisten Patienten fällt es schwer, an die Einnahme ihrer Medikamente zu denken. Geht es Ihnen auch so, daß sie manchmal die Einnahme vergessen?" (Sackett 1986) Es wurde nachgewiesen, daß die wahrheitsgetreue Gruppe auch am ehesten zu Veränderung bereit ist (Gordis 1986).
2. Tablettenzählen: Lässt man die Medikamente zur Konsultation jeweils mitbringen, so gibt das Zählen der unverbrauchten Pillen einen Anhalt für den Umfang der Einnahme. Falsch-positives Resultat, wenn der Patient Medikamente in den Mülleimer wirft!
3. Wirkstoffnachweis in Körperflüssigkeiten: Sichere, aber aufwendige und für viele Substanzen nicht verfügbare Methode. Einfach ist bei Triamteren-haltigen Mitteln bis ca. zehn Stunden nach Einnahme die Untersuchung des Urins mit der Blacklight-Lampe auf Fluoreszenz (Crosley 1962). Falsch-positiv bei toothbrush-effect(**G**).

HYPERTONIE

Umgang mit Widerstand: Ärgerliche oder autoritäre Reaktion auf Non-Compliance führt in der Regel nur zur Eskalation. Das dritte Newton'sche Axiom: actio = reactio, gilt eben nicht nur für feste Körper, sondern auch für Dickschädel. Erfolgversprechender ist formal freundliches und flexibles, in der Sache festes Vorgehen.

Langzeit-Compliance sichern: Die beschriebenen Maßnahmen sind in der Regel ausreichend wirksam, damit ein Patient die verordnete Therapie **beginnt**. Sie reichen jedoch nicht aus, die langfristige Einnahmetreue abzusichern. Zu diesem Thema gibt es noch vergleichsweise wenig Forschungsergebnisse. Günstig scheint sich aber eine gute Arzt-Patienten-Beziehung auszuwirken (Hulka 1986), ferner die Automatisierung des Verhaltens (s.a. Premack-Prinzip(G)), die aktive Beteiligung des Patienten durch Selbstmessung, die Einbeziehung von Partnern, die Anwendung externer Kontrolle (Vaitl 1982), z.B. durch Vereinbarung eines Erinnerungs-Service. Externe Kontrolle sollte aber nicht die aktive Verantwortung des Patienten dämpfen. Sie ist als zusätzliche Absicherung gedacht.

HYPERTONIE

Wartezeit vermeiden: Für einen beschwerdefreien Patienten ist Warten der sicherste Compliance-Killer. Bei einem so planbaren Vorgang wie einer Blutdruck-Kontrolle samt Kurzberatung sollte sich Wartezeit auch weitgehend vermeiden lassen. Manches Vorzimmer funktioniert zwar immer noch nach der Devise: Ein Patient muß warten können. Irgendwann muß man sich aber entscheiden, ob man lieber Recht oder kooperative Patienten haben will.

Blutdruck-Kontrolle im Vorzimmer: In der Mehrzahl der Fälle völlig ausreichend und nicht zuletzt wegen der kurzen Wartezeit die Methode der Wahl. Der Arzt wird nur bei Abweichungen in Anspruch genommen.

Einweisung in Blutdruck-Selbstmessung: Nach der Diagnosestellung ist die Selbstmessung sinnvoll. Wenn die Krankheit schon nicht spürbar ist, so ist sie wenigstens meßbar. Außerdem nimmt sie durch Eigenmessung eher konkrete Gestalt an als durch die passive Meßprozedur in der Praxis.

Leih-Service für Blutdruckmessgeräte: Für kurzfristigen Einsatz in der Ein- oder Umstellungsphase. Regt viele Patienten an, ein eigenes Gerät zu erwerben. Verliehene Geräte in einer Kartei oder Kladde protokollieren!

HYPERTONIE

Durchschnittlichen Medikamentenkonsum errechnen: Die Verschreibungsmenge des letzten Rezepts, dividiert durch die Zahl der verstrichenen Tage, gibt einen Anhalt. Bei Abweichung von der verordneten Dosis Karteieintrag für den Arzt!

Kontrolltermine schriftlich mitgeben! Schriftlichkeit stärkt Verbindlichkeit.

Erinnerungs-Service: Zur Sicherung einer Langzeit-Compliance ist externe Kontrolle das nachgewiesen zuverlässigste Mittel. Patienten, die ihre Kontrolltermine nicht wahrnehmen, verliert man häufig aus dem Auge. Für solche Fälle, also Patienten, die bereits durch Abwesenheit geglänzt haben, empfiehlt sich ein Erinnerungsservice. Die Aufnahme in die »No-Show«-Kartei erfolgt nur mit unterschriebenem Einverständnis des Patienten. Geeignet sind z.B. DIN-A6-Karten. Auf der Vorderseite stehen Namen, Diagnose, Telefonnummern privat und dienstlich, ferner mit Bleistift(!) die vereinbarten Kontrolltermine; auf der Rückseite das unterschriebene Einverständnis des Patienten. Die Kartei hat ein Wochen- oder Monatsregister. Für eine am 15.Februar vereinbarte Kontrolle würde die Karte z.B. im März-Fach abgelegt. Am Anfang jedes neuen Monats wird überprüft, ob die vereinbarten Kontrollen wahrgenommen wurden. Mit

HYPERTONIE

No-Shows wird telefonisch oder schriftlich ein kurzfristiger Kontrolltermin vereinbart. Kurzfristig, weil man nach ein bis zwei Tagen mit 90% Erscheinen rechnen darf, nach 14 Tagen nur noch mit 50%.

HYPERTONIE

Blutdruck-Selbstmessung ist bereits als solches eine wirkungsvolle Maßnahme zur Verbesserung von Compliance. Ungeeignet nur für eine kleine Minderheit überängstlicher Patienten.

Gewichtsreduktion: 80% der Hypertoniker haben ein Übergewicht von mindestens 15% (Heyden 1988). Eine Gewichtsreduktion um 10 kg führt durchschnittlich zu einer Blutdruck-Senkung von 30 mmHg. Geeignete Programme sind im Adipositas-Kapitel beschrieben.

Kochsalz-Restriktion: Verzicht auf 6 Gramm NaCl pro Tag. Das entspricht der Halbierung des üblichen Konsums und führt zu einer durchschnittlichen Blutdruck-Senkung um 10 mmHg.

Premack-Prinzip: Falls Pharmakotherapie erforderlich: Fixe Kopplung der Einnahme an bereits automatisiertes Verhalten, z.B. vor dem Morgenkaffee. Aussuchen des optimalen Zeitpunkts unter Mitarbeit des Patienten (Premack 1965).

Bewegung: Körperliches Training wirkt blutdrucksenkend (Duncan et al. 1984). Günstig sind Dauersportarten, möglichst in lustvoller Atmosphäre ohne Wettbewerbsdruck, z.B. Waldlauf, Radfahren, Ski-Langlauf,

HYPERTONIE

Bergwandern oder Schwimmen. Bei Anschluß an eine Gruppe sieht man bessere Langzeit-Compliance. Allerdings ist es hier schwieriger, eine Leistungsbetonung zu vermeiden.

Self-Monitoring (G): Kontinuierliches Protokollieren von Blutdruck, Körpergewicht, Medikation, Trainingsquantum und psychischem Spannungsgrad steigert die Selbstwahrnehmung. Der Patient behält die wichtigen Variablen der Hypertonie im Auge.

DIABETES MELLITUS

Die Qualität der Stoffwechselführung ist ausschlaggebend für die Prognose des Diabetikers. Das gilt sowohl quoad vitam als auch hinsichtlich subjektiv so einschneidender Komplikationen wie Erblindung oder Amputationen etc. Als ein Zahlenbeispiel für viele: In einer prospektiv angelegten Studie lebten zum Katamnesezeitpunkt 90% der gut eingestellten, aber nur noch 20% der schlecht eingestellten Diabetiker (Renner 1986).

Aus der Perspektive von Arzt...

Gleichwohl ist das maximal Erreichbare immer nur die Verlangsamung der spontanen Verschlimmerungstendenz, abstrakt die Negation einer Negation, und somit kaum erlebbar. Diabetes mellitus ist und bleibt nun einmal auch bei idealem Behandlungserfolg eine **chronisch progrediente Krankheit**. Das mindert das therapeutische Potenzgefühl des Arztes: Obwohl er nämlich **weiß**, daß sein Einsatz Entscheidendes zu Lebensdauer und -qualität des Patienten beiträgt, **erlebt** er den Diabetes als eine »Erkrankung, bei der kein großes Erfolgserlebnis möglich ist.« (Binswanger et al. 1979)

Kommen dann noch menschliche Unzulänglichkeiten des Patienten hinzu, ist der Boden bereitet für eine ärgerliche Distanzierung. Die Überzeugung unkooperativer

Zuckerkranker wird als undankbare Sisyphos-Arbeit zugunsten einer Laissez-faire-Haltung aufgegeben. Die Folge mag der Leser an den HbA1-Werten seiner eigenen Diabetiker ablesen. Oder daran, daß nur 7% der Diabetiker alle für sie wichtigen Verhaltensregeln befolgen (Cerkoney et al. 1980).

Für den ärztlichen Part an der Compliance bleibt also festzuhalten: Eine solide Frustrationstoleranz, wie sie ja überhaupt zum wichtigen Rüstzeug für den Praxisalltag gehört, ist bei der Kooperation mit Diabetikern in besonderer Weise gefordert.

...und Patient.

Es mag dabei die Einsicht helfen, daß die Situation für den **Patienten** noch weitaus schwieriger ist: Die Art und Weise, wie Diabetes in sein Leben eingreift, ist einschneidender und zugleich weniger konkret als bei den meisten anderen Krankheiten:

- In weiten Grenzen entzieht sich ein erhöhter Blutzuckerspiegel ebenso der Selbstwahrnehmung wie ein hypertoner Blutdruckwert. Das lädt zur Verdrängung ein.

- Die Verhaltenseinschränkungen sind erheblich. Der Diabetiker muß auf viele Eß- und Trinkgenüsse verzichten und damit nicht nur auf den Gaumenkitzel, sondern auch auf den Geselligkeitswert gemeinsamer Tafelfreuden. Das mobilisiert automatisch eine Gegenenergie, die in der Sozialpsychologie als Reaktanz(G) bezeichnet wird. Primär ist also der Protest gegen ärztliche Verbote das Natürliche, und nicht ihre Befolgung!

– Seine »Organminderwertigkeit«(G) bewirkt eine soziale Abseits-Position: Er muß Maß halten in einer Umgebung, die den Überfluß liebt und Mäßigkeit langweilig findet.

– Es besteht starke Abhängigkeit von regelmäßigen Kontrollen beim Arzt. Wie bekannt ist, führt das in der Regel weniger zu dankbarer Unterordnung, sondern eher zu ambivalenten Gefühlen.

– Auch bei vorbildlicher Compliance ist mit Progredienz zu rechnen. Daß sie sich bremsen läßt, ist dabei ein schwacher Trost. Die Kontrollüberzeugung(G), die das aktive Gesundheitsverhalten des Gesunden ermutigt, wird hier beleidigt. Fehlende Kontrollüberzeugung aber führt zu Resignation oder gar Depression.

Wie man sieht, kommt es also beim Diabetiker zu einer einfühlbaren Häufung von Compliance-Hindernissen.

Wege und Abwege der Krankheitsverarbeitung

Die kognitive Dissonanz(G) läßt sich auf die Formel bringen: »Ich bin Diabetiker.« und: »Ich liebe meine Freiheit und nicht zuletzt auch Gaumenfreuden.« Reduktion der Dissonanz durch Informationsaufnahme führt zum kooperativen Ideal-Patienten. Das ist bekanntermaßen der weniger wahrscheinliche Ausgang des Konflikts.

Die Regel besteht in mehr oder weniger abwehrenden Reaktionsformen. Sie können je nach Typ und Lebensalter variieren:

- Verleugnung: Realitätsverkennung, z.B. naiv-unbesorgter Umgang selbst mit extremen Blutzucker-Werten.

- Trotz: Besserwisserei, eigenmächtige Therapieänderungen, absichtliche Freßorgien oder Alkoholexzesse.

- Resignation: Diätregeln schleifen lassen, Tabletteneinnahme verbummeln, Kontrolltermine versäumen (Bräutigam et al. 1981).

Alle drei Abwehrformen können auch bei ein und demselben Patienten nebeneinander oder nacheinander vorkommen.

Jeder Diabetiker sein eigener Arzt!

Die Folgen für die Arzt-Patient-Beziehung: Gemeinsame Unzufriedenheit mit schlechten Laborwerten. Man schiebt sich die Schuld am fehlenden Behandlungserfolg gegenseitig in die Schuhe. Das Verhältnis zum Arzt wird gespannt. Oft wird er vom Patienten in eine schulmeisterliche Position gedrängt, auch wenn ihm das überhaupt nicht liegt.

Mit den Compliance-Regeln der nächsten Seiten läßt sich das Stranden an solchen Klippen zuverlässig vermeiden. Grundprinzip ist dabei die möglichst aktive Beteiligung des Patienten auf allen Ebenen der Krankheitsbewältigung. Der Arzt hält seine eigene Verantwortung als Auffangnetz in Reserve.

Schon 1923 wurde das Postulat vertreten, jeder Diabetiker müsse sein eigener Arzt werden (Joslin zit.n. Renner 1986). Auf dem Weg dahin gibt es noch manches zu tun!

DIABETES MELLITUS

Zum Dialog aktivieren ist effektiver als Belehren! Statt Arzt-Monolog: Fragen, fragen, fragen. Was weiß der Patient über Ursachen und Folgen des Diabetes? Gibt es Diabetes in seinem persönlichen Umfeld und wie verhalten sich die Betroffenen? Welche Sorgen und Ängste löst die Diagnose bei ihm aus? Was weiß er über Diät? Welche Diätmaßnahmen fallen ihm leicht, welche schwer? Welche Sport- oder Bewegungsarten machen ihm Spaß und kommen für ihn in Frage? Etc. Karteivermerk über wichtige Besonderheiten!

Information portionieren! Die komplexe Materie hat nur dann eine Chance, verstanden zu werden, wenn man sie auf viele Lernschritte verteilt. Deshalb: Lieber 6 Erörterungen à 5 Minuten als eine halbstündige!

Wichtiges wiederholen! Wenige Minuten nach Beratungsende pflegen Patienten weniger als die Hälfte der besprochenen Behandlungsmaßnahmen zu erinnern (Ley et al. 1973). »Wenn Sie einen Satz fünfmal hintereinander sagen, ist das besser, als wenn Sie fünf verschiedene Sätze mit fünf verschiedenen Inhalten in der gleichen Zeit sagen.« (Vaitl 1982, Diskussion)
Zuverlässige Informationsaufnahme durch den Patienten beginnt erst, wenn sich der Arzt bereits durch seine Redundanz(G) selbst auf die Nerven geht.

DIABETES MELLITUS

Rückfragen geben das sicherste Feed-back, wieviel von einer Information »rübergekommen« ist.

Selbstkontrolle festigt die Kontrollüberzeugung(G), und damit die Compliance. Für den TypI-Diabetiker sollte die **Blut**zuckerselbstkontrolle inzwischen der Regelfall sein. Bei TypII-Diabetes reicht in der Regel die **Harn**zucker-Selbstkontrolle (Willms 1986). Zuweilen ist die Selbstmessung der Blut-Glukose nur vorübergehend indiziert, z.B. bei der Insulin-Einstellung von SH-Sekundärversagern oder zur Klärung Hypoglykämie-verdächtiger Episoden. In der Regel ist dann die Beurteilung der Teststreifen durch Farbvergleich ausreichend. Zur Präzisierung unplausibler, z.B. auf Schönung verdächtiger Werte, kann ein Leih-Reflometer sinnvoll sein.

Motivieren durch Lob und zuversichtliche Führung: Zu Bewegung, zu Fußpflege und Fußkontrolle, zur eigenverantwortlichen Erinnerung an augenärztliche und neurologische Kontrollen.

Zukunftsorientiertes Umdeuten ins Positive: Ein Fehler ist zugleich eine Chance, sich zu verbessern. Statt: »Was haben Sie falsch gemacht?« fragt man also besser: »Was können Sie zum nächsten Mal besser machen?«

DIABETES MELLITUS

Tadel vermeiden! Er mindert nicht das gerügte Verhalten, sondern die Bereitschaft, es einzugestehen.

Toleranter Umgang mit Adoleszenten: In ihrem altersspezifischen Drang nach Unabhängigkeit entwickeln adoleszente Diabetiker zuweilen ausgeprägtes Protestverhalten. Diät oder Insulin werden weniger als Gebote der Realität erlebt, sondern als autoritäre Freiheitsbeschneidung durch den Arzt (Binswanger et al. 1979). Hier in den Ring zu steigen, führt zwangsläufig zum technischen K.O.! Angebracht ist eine freundliche, verständnisvolle, aber in der Sache feste, partnerschaftliche Haltung. Sie sollte dem jugendlichen Patienten geduldig helfen, seine Realität sukzessive anzunehmen.

Familiendynamik beachten: Treten bei der Betreuung diabetischer Kinder oder Jugendlicher Schwierigkeiten auf, so wird nicht selten die Schuld daran einem Sündenbock zugeteilt. Dieser kann das Kind selbst sein, ein Elternteil, die Großmutter etc. Wer sich an diesem Spiel beteiligt, hält bald den Schwarzen Peter in eigenen Händen. Der Arzt tut gut daran, sich mit keinem der Mitspieler einseitig zu identifizieren. Die beste Beeinflussung der Familiendynamik darf derjenige erwarten, der jeden der Akteure wenigstens teilweise verstehen kann.

DIABETES MELLITUS

Ambulante Umstellung auf Insulin: Bei sekundärem Therapieversagen von Sulfonylharnstoffen rechtzeitige Umstellung auf Insulin. Dies ist heute durch die Kombinationsbehandlung problemlos ambulant durchführbar (Willms 1986). Mit der dadurch überflüssigen Krankenhauseinweisung entfällt ein wichtiges Hemmnis bei der Patientenmotivation.

Delegieren: Schulungsprogramme sind nach entsprechender Ausbildung bei Arzthelferinnen in besten Händen (Jörgens et al. 1990).

Beim übergewichtigen Diabetiker entspricht das Vorgehen im wesentlichen den Regeln, die im Adipositas-Kapitel ausgeführt sind.

DIABETES MELLITUS

Partnerschaftliche Haltung: Die meisten Patienten fühlen sich der Arzthelferin relativ näher als dem »Halbgott in Weiß« (Vaitl 1982). Sie sollte diese Chance durch partnerschaftliche Nahbarkeit nutzen und sich nicht in die Aufpasser-Ecke manövrieren lassen.

Verständnis signalisieren: Besonders dann, wenn Resignation oder Protestverhalten sichtbar werden.

Identifikation mit der Krankheit fördern: Indem man z.B. den Patienten die reflometrischen Werte selbst ablesen und in den Diabetiker-Ausweis eintragen läßt.

Kontrolltermine schriftlich mitgeben: Bei wiederholtem Nicht-Erscheinen Erinnerungs-Service vereinbaren.

Schulungsprogramme: In vielen Praxen bewährt es sich inzwischen hervorragend, wenn Helferinnen an der programmierten Diätberatung mitwirken. Patienten lernen so leichter und lieber. Sie haben auch weniger Scheu, u.U. »dumme Fragen« zu stellen. Ein zugleich aktuelles und bewährtes Programm ist im Deutschen Ärzte-Verlag erschienen (Berger et al. 1987).

DIABETES MELLITUS

Angehörige einbeziehen: Wegen des darin enthaltenen Konfliktstoffs sollte die Initiative dazu dem Patienten übertragen werden, z.B.: »Gewinnen Sie doch bitte Ihre Frau zur Mitwirkung an unseren Behandlungszielen! Ich bin dann gern bereit, mich mit Ihnen beiden darüber zu unterhalten.« Die Rolle der kochenden Diabetiker-Ehefrau ist nämlich wenig dankbar. Erst kriegt sie den Unmut für Diät-Einschränkungen ab, und dann wird ihr die Schuld an schlechten Blutzuckerwerten in die Schuhe geschoben. Die Ausgangslage einbezogener Angehöriger ist günstiger, wenn sie zur Mitwirkung nicht vom Arzt verpflichtet, sondern vom Patienten geworben werden.

Protokollierte Selbstbeobachtung: Tägliche Selbstkontrolle von Gewicht, Urinzucker, Acetonurie, ggf. Blutzucker, ggf. Blutdruck. Protokollieren der Meßwerte und Mitbringen des Protokolls zu jedem Sprechstundentermin. Der Informationsgewinn für den Arzt ist dabei erfreulich, aber eigentlich nur Nebeneffekt. Primär angestrebt ist die nachgewiesene Compliance-Verbesserung durch schriftlich fixierte Selbstbeobachtung.

Übernahme von Verantwortung: Als sinnvoll gelten jährliche Kontrollen des angiologischen, ophthalmologischen und neurologischen Befunds, ferner EKG,

DIABETES MELLITUS

Thorax-Röntgen und Laborprofil (Willms 1986). Es verbessert Compliance, wenn man den Patienten auch hier aktiv beteiligt, indem man ihm die Verantwortung für die Einhaltung des Jahresabstands überträgt. Bei fixer Koppelung, z.B. an den Geburtsmonat, fällt das in der Regel leichter. Terminsteuerung über die No-show-Kartei erst nach Versagen der aktiven Variante!

ADIPOSITAS

Vom Statussymbol zum Stigma

Seit den 50er Jahren hat sich das Image des Dicken fortlaufend nach unten entwickelt. Aus einem Statussymbol, dem »kreditwürdigen Bauch«, wurde körperliches Stigma, psychischer Defekt, und nicht zuletzt versicherungsrechtlich sanktioniertes Risikoverhalten. Auch beim weiblichen Geschlechts erfuhren die Idealproportionen eine Neubestimmung, wie man an der Entwicklung der Centerfold-Modelle in Herrenmagazinen leicht nachweisen konnte (Garner 1980).

Nichtmedizinische Motive stehen im Vordergrund des Schlankheits-Kultes: In einer großen Untersuchung eines Frauenmagazins hatten nur 15,7% der Frauen, die abzunehmen wünschten, gesundheitliche Gründe. Die Übrigen waren bei ihren Antworten an Werten orientiert, die in Medien und Werbung mit Schlankheit assoziiert werden: Glück, Erfolg und Anerkennung. 41,6 % der Befragten konnten sich mit Übergewicht nicht leiden, 33% fühlten sich wohler mit niedrigerem Körpergewicht (Westenhöfer et al. 1987). Diese Angaben spiegeln den sozialen Druck auf Dicke.

Der ständige Vorsatz, weniger zu essen, macht Appetit.

Die ätiologischen Vorstellungen zur Adipositas befinden sich im Fluß. Sie werden überwiegend in gestörtem

Eßverhalten gesehen, das seinerseits in verschiedener Weise interpretiert wird, etwa psychodynamisch als Ersatzbefriedigung oder lerntheoretisch als Konditionierung. Aufschlußreiche Untersuchungen wurden in jüngerer Zeit an sogenannten »restrained eaters« durchgeführt; das sind latent adipöse Normalgewichtige, die ihr Eßverhalten und ihr Körpergewicht ständig kognitiv kontrollieren. Essen aufgrund von Umweltreizen, Stresshyperphagie und Störungen in der Appetit- und Sättigungsregulation werden danach nicht mehr überwiegend als **Ursache** der Adipositas gesehen. Man sieht sie vielmehr zum Teil als **Folge** des Reduktionsversuchs, als physiologische und psychologische Gegenregulation mit dem Ziel, das »Set-Point-Gewicht« (Westenhöfer et al. 1989), den übergewichtigen Ausgangspunkt, wieder zu erreichen. Daneben kann Hyperphagie auch eine Reaktionsform sein auf die ständige Auseinandersetzung mit dem Thema »Weniger Essen«. (vgl. Reaktanz(G)).

Die vier traditionellen Probleme der Adipositas-Therapie

Wir haben also auch bei der Adipositas eine Verquickung von physiologischen, psychologischen und sozialen Variablen. Praktisch-therapeutisch geht es nicht einfacher zu. Das findet seinen Ausdruck in den »vier traditionellen Problemen der Adipositastherapie« (Stunkard 1986):

Wieso brechen so viele Menschen die begonnene Therapie ab?
Wieso entwickeln sie während der Behandlung soviele Schwierigkeiten und Störungen?
Wieso nehmen sie so wenig ab?
Wieso nehmen sie nach Abschluß der Behandlung wieder zu?

Das Laienkonzept und seine Fallstricke

Im Laienverständnis ist Übergewicht für **Außenstehende** ausschließlich in überhöhter Kalorienzufuhr begründet. Folglich hält das Umfeld verminderte Kalorienaufnahme und gezügeltes Eßverhalten für geeignete Lösungsstrategien. Der Dicke hat das in der Regel schon wiederholt versucht. Er fühlt sich aber rasch überfordert, teilweise zu Recht, wie man zugeben muß.

Ausschließliche Reduktion der Kalorienzufuhr ist tatsächlich ein untauglicher Versuch, dem Problem beizukommen. Seit den 50er Jahren ist bekannt, daß z.B. eine Halbierung der Kalorienzufuhr selbst über ein halbes Jahr nur zu weit unterproportionaler Gewichtsabnahme führt. Der Körper leistet Widerstand durch Anpassung seines Energiebedarfs und Minderung seines Grundumsatzes um bis zu 40 % (Keys et al. 1950). Im Rahmen dieser Untersuchungen zeigten sich außerdem schwerwiegende Folgen für die Versuchsteilnehmer: Störungen im kognitiven, emotionalen und sozialen Bereich. Es traten

Vigilanzminderung, Konzentrationsstörungen, sozialer Rückzug, Libidominderung auf, sowie Depressionen und andere Stimmungsschwankungen.

Von der Diät zur Verhaltensänderung:

Moderne Programme zur Gewichtsreduktion tragen dem Rechnung. Statt der Zügelung der Kalorienzufuhr über ständige kognitive Kontrolle wird ein **kontrolliertes Eßverhalten** gewissermaßen als Automatismus eingeübt. Man zielt hier nicht ausschließlich auf Kalorienminderung, sondern auf flexible Umgangsweisen in der Ernährung, auf die Erweiterung von Handlungsspielräumen.

Zunächst mag das nach Wortklauberei klingen. An den Erfolgen zeigt sich aber, daß die ähnlichen Worte grundlegend verschiedene Konzepte spiegeln: Einerseits **Diät**, die in der Regel durch vermindertes Essen zur Abnahme führt und nach Beenden derselben auch schnell wieder zur Zunahme; auf der anderen Seite **Verhaltensänderung** mit dem Ziel, das erreichte Gewicht auch ohne spezielle Diät durch bewußtes Einsetzen anderer Handlungsalternativen beizubehalten.

Dauerhafter Erfolg einer Adipositas-Therapie steht und fällt mit dem Erwerb von Selbstwahrnehmung und Verhaltensalternativen. In diese Richtung zielt ein Industrie-gesponsortes Trainingsprogramm für Adipositas und Hypertonie, das sich bundesweit und auch in der Praxis der Autoren hervorragend bewährt hat (Basler et al. 1983).

Den detaillierten Handlungskatalogen sollen einige Leitlinien zur Prognose vorangestellt werden. Sie mögen dabei helfen, für den Anfang möglichst erfolgversprechende Patienten auszuwählen. Zugleich erlauben sie eine gewisse Orientierung in den Höhen und Tiefen einer Reduktions-Therapie:

1. Je größer die Selbsteinsicht und bereits vorhandene kognitive Kontrolle, desto höher die Erfolgschance (Westenhöfer et al. 1989).

2. Je höher das Ausgangsgewicht, desto besser die Erfolge (Stunkard 1982).

3. Je besser die Reduktion in den ersten Therapiewochen, desto dauerhafter der Erfolg (Stunkard 1982).

4. Je erfahrener der Therapeut, je länger die Therapiedauer und je stärker die Einbeziehung des Partners(!), desto erfolgreicher das Programm (Stunkard 1982).

ADIPOSITAS

Indikationsstellung: Übergewicht **und/oder** Motivation müssen in gewissem Mindestmaß vorhanden sein, wenn der Einsatz seine Mühe lohnen soll. Der Risikowert eines **mäßigen** Übergewichts ohne Begleitrisiken wurde von der Deutschen Gesellschaft für Ernährung 1980 deutlich relativiert. Auch vor dem Hintergrund der oben erwähnten Gegenregulationsmechanismen verbieten sich »leichtfertige Empfehlungen zur Gewichtsreduktion« (Westenhöfer et al. 1989).

Laienkonzept klären: Wie sieht die Ursachen-Attribution **(G)** des Patienten aus? Gene, Drüsen, schwere Knochen? Für den Anfang sucht man sich lieber Patienten aus, die zumindestens teilweise einen Zusammenhang zur Nahrungsaufnahme sehen können.

Kognitive Dissonanz erzeugen: Übermäßige Kalorienzufuhr wird in der Selbstwahrnehmung des Dicken verdrängt. Insofern glaubt er die Wahrheit zu sagen, wenn er uns berichtet, nichts zu essen. Kann man ihn zum Self-Monitoring**(G)** (s.a. Patienten-Aktivitäten) bewegen, so wird die kognitive Dissonanz wieder auftauchen, die er durch Verdrängung beseitigt hat. Das trägt wesentlich zur Motivation bei.

ADIPOSITAS

Realistisches Therapieziel definieren: Hier ist es sinnvoll, den Patienten nur zu beraten. Die Zielvorgabe sollte er sich selbst setzen. Man reduziert so Reaktanz **(G)**. Mehr als zwei Pfund pro Woche sind in der Regel unrealistisch. Zwischenziele zu markanten Daten erleichtern das Durchhalten: »Bis Pfingsten werden Sie also nach Ihren Plänen acht Pfund abgenommen haben.«

Kognitive Rekonstruktion: Verhaltensalternativen zum Essen werden hier zunächst in der Phantasie durchgespielt. Der Dicke ißt ja nicht nur, wenn er hungrig ist, sondern zum Beispiel auch nach Stress oder zur Belohnung. Zunächst wird ihm zu solchen Anlässen unter Umständen wenig anderes einfallen. Es ist für den Gesamterfolg entscheidend, Phantasie und Experimentierlust zu wecken, Neugier auf unbekannte Verhaltensspielräume. Das führt zu der Flexibilität, die letztlich die Beibehaltung eines niedrigen Zielgewichts sichern wird.

Bei adipösen Kindern gehören die Eltern ins Zentrum des Programms. Verhaltensmodifikation ist hier eine conditio sine qua non, da Diäterörterungen lediglich zu Lippenbekenntnissen führen.

ADIPOSITAS

Lob: Erfolge glaubwürdig dimensioniert loben! Die Droge Arzt ist ein potenter positiver Verstärker.

Mißerfolge nicht tadeln, sondern umdeuten: »Sie haben also eine weitere Falle kennengelernt, die Ihre Vorsätze gefährdet. Wenn Sie der gleichen Versuchung das nächste Mal begegnen, sind Sie besser gewappnet!«

ADIPOSITAS

Patientennähe nutzen: Die Arzthelferin hat im Kontakt zum Patienten Trümpfe in der Hand, die sie ausspielen sollte:
Die Befangenheit, die viele Patienten immer noch beim Arztgespräch empfinden, bleibt ihr erspart. Wenn ihr für diese anspruchsvolle Aufgabe Zeit und Raum zugeteilt werden, wird die Informationsaufnahme des Patienten weniger durch Hektik blockiert, wie sie im Sprechzimmer eher Regel als Ausnahme ist. Auch sprachlich kann sich die Arzthelferin in der Regel besser auf ihr Gegenüber einstellen. Der Verzicht auf Sprachmunition in Form von Fachjargon fällt ihr leichter.

Patientengruppen unter Leitung von Arzthelferinnen: Hier sieht man nach entsprechender Ausbildung regelmäßig gute Erfolge. Ein sehr geeignetes Programm wird von einem bekannten Pharma-Unternehmen gesponsort (Basler et al. 1983). Wer als Arzt Patientenvorträge hält, weiß, daß die Mitarbeit der Gruppe in der Regel höflich, aber selten temperamentvoll ist. Es war für die Autoren eindrucksvoll, die Lebhaftigkeit der Gruppendiskussionen von einem Hinterzimmer mitzuverfolgen, nachdem die Leitung an eine Arzthelferin übergeben war.

ADIPOSITAS

Self-Monitoring der Nahrungsmenge: Als Ausgangspunkt empfiehlt sich eine genaue Bestandsaufnahme: »Versuchen Sie bitte zunächst, genauso weiter zu essen wie bisher! Schreiben Sie dabei bitte gewissenhaft **alles** auf, was Sie zu sich nehmen. Tragen Sie das Protokoll bei sich, damit auch kleine Snacks o.ä. nicht Ihrer Selbstkontrolle entgehen!« Das führt den Patienten zu kognitiver Dissonanz(G): Er erkennt, daß er mehr ißt, als bis dahin wahrgenommen. Übrigens nimmt er dabei in der Regel schon ab, obwohl ihm unverändertes Essen empfohlen wurde. Denn das Aufschreiben wird ihm lästig und/oder peinlich.

Erweitertes Self-Monitoring (Eß-Orte und -Situationen): Als zweiter Schritt ist eine Protokollierung der Eßorte und der Situationen sinnvoll, in denen gegessen wird. Auch hier für die Zeit der Selbstbeobachtung zur Beibehaltung des Eßverhaltens ermahnen! Prompt wird es der Patient schon jetzt entgegen ärztlicher Empfehlung ändern, und zwar aus dem gleichen Grund wie bei der Nahrungsmenge. Gleichzeitig rücken wichtige Rahmenbedingungen der Eßlust ins Blickfeld.

Eßakt korrigieren: War der Patient bei der Selbstbeobachtung kooperativ, so wird er sich auch auf den nächsten Schritt einlassen. Er soll jetzt nur noch **an**

ADIPOSITAS

einem bestimmten Ort essen, jeden Bissen **15-20mal kauen**, dabei Geschmack, Geschwindigkeit etc. genau registrieren und protokollieren. Obwohl von **Nahrungseinschränkung** bisher noch nicht die Rede war, werden allein schon diese drei Programmpunkte zu deutlicher Gewichtsabnahme führen - falls der Patient sich auf sie einlässt.

Nie mit leerem Magen einkaufen! Außerdem Vorratshaltung besonders im Süßwaren- und Snack-Bereich, sowie bei kalorischen Getränken, abschaffen!

Die »Damit-nichts-umkommt«-Mentalität überdenken: Das Erscheinungsbild mancher Familie erinnert an die kommunizierenden Seifenblasen aus der Physik-Vorlesung. Vater und Kinder hager, Mutter kugelrund. Die Spielregel geht so: Mutter kocht reichlich, damit die Familie etwas auf die Rippen bekommt. Die aber ißt lustlos und lässt die Hälfte übrig. Schließlich muß sich die Mutter opfern, »damit nichts umkommt«. Wenn es nicht gelingt, den fehlgeleiteten Fürsorgetrieb zu »knakken«, ist jede weitere Bemühung zwecklos. Außerdem sollte man zu bedenken geben, daß es **im Einzelfall** günstiger sein kann, etwas Eßbares verderben zu lassen als die eigene Gesundheit.

ADIPOSITAS

Kontingenzverträge: Der Patient schließt einen Vertrag - auf keinen Fall mit dem Arzt, das würde störendem Agieren Tür und Tor öffnen! -, sondern mit einem anderen Menschen, dem aufrichtig an seiner Gewichtsänderung liegt.
Achtung!: Von Angehörigen sollte man das nicht automatisch annehmen. Mancher Ehemann wirft seiner Frau zwar ständig ihre Körperfülle vor. Beginnt sie aber zu fasten, so verwöhnt er sie plötzlich mit Bonbonnieren.
Im Vertrag werden Belohnungen für bestimmte Zwischenetappen festgelegt, z.B. für jedes Kilo; außerdem eine große Belohnung, z.B. eine Reise, für das Erreichen des Therapieziels. Dieser Schritt klingt einfacher, als er ist. Vielen Betroffenen fällt als Belohnung zunächst nur ein gutes Essen ein. Es ist aber für den weiteren Verlauf sehr wichtig, daß die Belohnungen im Voraus ausgedacht und festgelegt werden, und daß sie auch bei Erreichen sofort in Anspruch genommen werden. So paradox es klingt: Anfangs muß man nachkontrollieren, ob sich der Patient auch vertragsgemäß belohnt hat.

Langzeit-Compliance: Zur langfristigen Aufrechterhaltung des veränderten Verhaltens sind möglichst viele soziale Bezugspersonen einzubeziehen, z.B. am Arbeitsplatz, in der Familie, im Verein, in der Gemeinde etc. Auch hier empfehlen sich Kontingenzverträge, jetzt

ADIPOSITAS

---

mit Strafen bei Zunahme bzw. Belohnungen für definierte Zeiten konstanten Gewichts. Als mögliche Strafe denkt sich der Patient vorab etwas für ihn sehr Unangenehmes aus, z.B. eine Spende an eine Institution, deren Werte er nicht teilt. Einbindung der persönlichen Ziele ins soziale Umfeld ist mehr als ein moralisches Korsett: Es belebt das Kommunikationsspektrum des Patienten und löst ihn aus seiner Verhaltenseinengung aufs Essen.

ULCUS DUODENI

Noch 1975 wurden Magenpatienten von ihren Ärzten als überdurchschnittlich schwierig eingeschätzt. Bei ca. 8000 unselektierten, ambulanten Patienten sollten die behandelnden Ärzte die Schwierigkeiten bei der Betreuung anhand einer fünfstufigen Skala bewerten. 11% des Gesamtkollektivs - quer durch alle Diagnosen - wurden dabei als »schwierig« oder »sehr schwierig« eingestuft. Bei den Magenpatienten waren es deutlich mehr, nämlich 17% (Heise-Siebe 1975).

So war es vor 15 Jahren. Wer damals praktiziert hat und jetzt zurückschaut, wird sich unschwer zahlreicher therapieresistenter Duodenalulcera erinnern. Diese Patienten waren häufige und klagsame Besucher der Sprechstunde. Irgendwann entschloß man sich endlich zu Resektion oder Vagotomie. Und selbst danach sah man einen Teil regelmäßig wieder mit Stumpfgastritis, Post-Gastrektomie-Syndrom, oder wie auch immer die Etiketten lauteten.

1975 - 1990

Fragt man Ärzte **heute** nach schwierigen Magen-Patienten, fällt kaum einem spontan ein solcher ein - so jedenfalls die Erfahrung der Autoren aus ihren Ärzte-Seminaren. Als Ursache muß man wohl sehen, daß mit Einführung der H2-Blocker Ende der Siebziger Jahre eine neue Dimension der Behandlung begann. Ein erheblicher Teil der damaligen Reibungsflächen muß rückblickend den mangelhaften Behandlungsmöglichkeiten zugeschrieben werden, und nicht der Persönlichkeit der Patienten.

Bei genauerem Hinsehen zeigt sich aber, daß einige Probleme auch heute durchaus noch vorhanden sind. Die aktuellen Schwierigkeiten sind allerdings weniger aktiv und auffällig, sondern eher passiver Natur: Mangelnder Änderungswille etwa im Hinblick auf Stress oder Nikotin, aber auch mangelhafte Befolgung von Einnahmevorschriften, kurz gesagt also Non-Compliance. Möglichkeiten zur Verbesserung gibt es auf verschiedenen Ebenen, die jeweils mit Ursachenfeldern der Krankheit korrespondieren. Ein kleiner Exkurs in ihr Bedingungsgefüge wird den Entwurf wirksamer Strategien erleichtern:

Mehrdimensionale Ätiologie ...

Das Ulcus duodeni ist Prototyp einer ätiologisch mehrdimensionalen Krankheit. Anlagefaktoren werden durch erworbene Züge der »Ulcus-Persönlichkeit« ergänzt. Hinzu kommen aktuelle soziale Belastungen, »Stress«, ebenso wie schädliche Lebensgewohnheiten, etwa in Form von Genußgiften. Schließlich scheinen auch Mikroorganismen eine Rolle zu spielen. Eindimensionale Konzepte wie: Das Ulcus als Säurekrankheit, als psychosomatische Erkrankung, oder jüngst als Infektion, mögen für den Wissenschaftler eine forschungspraktisch notwendige Reduktion darstellen. Für den praktizierenden Arzt ist ihre Einseitigkeit offensichtlich. Wer bei seinen Patienten gute und nachhaltige Behandlungsresultate erzielen will, ist auf ein **ganzheitliches Konzept** angewiesen. Es mag wissenschaftlich weniger stringent sein, bewährt sich aber durch praktische Erfolge. Das gilt nicht nur, aber auch für Fragen der Compliance, wie unten gezeigt werden soll.

... fordert mehrdimensionale Strategien!

Bei der Gewichtung von Ursachen ist im Dienst verbesserter Compliance folgendes zu bedenken: Eine Arzt-Patienten-Beziehung profitiert, wenn der Arzt ursächliche Zuordnungen des Patienten, seine Attributionen(G), ernstnimmt oder zumindest aufgreift. Im Falle der Ulcuskrankheit sind das Theorien über **äußere** Belastungen und über Diätfehler. Sie befriedigen hier wohl nicht nur - als Erklärungsmodelle - das Kausalitätsbedürfnis der Patienten. Sie haben auch eine Abwehrfunktion, indem sie unangenehme Themen auf Abstand halten: Ungelöste **innere** Konflikte zum Beispiel oder änderungsbedürftige Lebensgewohnheiten wie etwa das Rauchen. Der Arzt reagiert zuweilen gereizt auf diese Mischung aus Belanglosigkeit und Abwehr. Das ist verständlich, verhindert aber die Nutzung solcher Theorien für die Compliance.

Stress

Zugegeben: Die larmoyante Berichterstattung über **äußere Belastungen** ist zunächst so unbefriedigend, wie es Gespräche über Dritte eben sind. Sie ist aber ein patientengerechter Einstieg. In der Regel läßt sich die Diskussion dann fließend in die Erörterung persönlicher Alternativen umlenken, z.B.: »Am Arbeitsplatz so ungerecht behandelt zu werden, würde vermutlich jeden krank machen! Wahrscheinlich haben wir aber auf den äußeren Rahmen wenig Einfluß. Wo sehen **Sie für sich** Chancen, mehr Unabhängigkeit von diesen widrigen Umständen zu gewinnen?!« Von einem anfänglichen resignierten »Nirgends!« darf man sich nicht entmutigen lassen: »**Jeder** Mensch hat ungenutzte Freiheitsgrade, und wenn sie auch anfangs noch so klein aussehen. Ich kann sie nicht aus dem Ärmel zaubern; aber gemeinsam werden sich welche finden lassen.«

Das ätiologische Gewicht äußerer sozialer Belastungen soll damit nicht bestritten werden. Selbstverständlich gibt es Familienpathologien und pathogene Arbeitsplätze, neben denen der Ulcus-Patient psychisch gesund wirkt. Auch die Entwurzelung aus dem vertrauten soziokulturellen Umfeld, die Situation der meisten ausländischen Patienten also, ist ein gut belegter Ursachen-Faktor von Duodenal-Ulcera (Bräutigam et al. 1981). Diese äußeren Bedingungen selbst wird man als Arzt kaum beeinflussen können; durchaus aber das Ausmaß ihrer Einwirkung auf den Patienten: Dadurch nämlich, daß man seine Autonomie stärkt.

Hier ist auch an die Möglichkeiten des Autogenen Trainings zu erinnern. Die Patienten-Akzeptanz bei dieser Indikation ist überdurchschnittlich gut. Während etwa der Hypertoniker Entspannung als Zeitvergeudung empfindet, sind nämlich beim Magen-Patienten passive Züge vorhanden, die mit einer Entspannungstechnik lustvoll verstärkt werden können. Dennoch ist es ratsam, Autogenes Training nicht zu »verordnen«, sondern den Patienten zu einer eigenen Entscheidung zu stimulieren: »Können Sie sich vorstellen, daß eine Entspannungstechnik Ihren täglichen Stress besser zu bewältigen hilft?«

Ernährung

Auch das **Diät**-Kapitel ist nicht völlig unergiebig. Das Strafbedürfnis, das aus dem Wunsch nach ärztlichen Verboten spricht, mag pathologisch sein. Immerhin ist es daneben eine erlaubte Form für den Patienten, sich um sich zu kümmern, ein Stück Individualität zu entfalten. Warum dem nicht mit ein paar kleineren Verboten entgegenkommen, wenn sie nicht zu einschränkend sind? Das erleichtert es auch, fließend zum deutlich wichtigeren **Eßverhalten** überzugehen. In stetem Wechsel von Askese und Triebdurchbrüchen haben nämlich viele Ulcus-Patienten änderungsbedürftig unregelmäßige und hektische Eßgewohnheiten. In dieser letzten Hinsicht kann man gelegentlich ideologische Verklärungen hören: Aus schierem Pflichtgefühl müsse der Patient zehn Stunden fasten; sonst stünden alle Räder still - Umdeutungen einer inneren Unfähigkeit zu einer äußeren Notwendigkeit.

Veranlagung

Zuweilen führt ein Patient auch die **erbliche Veranlagung** ins Feld.
Da sie nun einmal nicht zu ändern ist, bringt ihre Erwähnung im allgemeinen wenig für die Therapie. Es gibt Ausnahmen: Jeder kennt Patienten, die in schöner Regelmäßigkeit jährlich zwei Ulcera entwickeln, bei denen also eine Langzeit-Prophylaxe indiziert ist. Nicht wenige beenden aber die Einnahme nach spätestens sechs Wochen, weil die Krankheit für sie ausgeheilt ist und damit kein Grund für weitere Medikation besteht. Hier kann folgende Argumentation helfen: Das Ulcus ist eine **anlagebedingte, chronische** (Säure-)Krankheit. Schübe mögen kommen und gehen. Die Krankheit selbst besteht andauernd und bedarf deshalb ununterbrochener Behandlung. Kommunikationstheoretisch ist diese Argumentationsfigur eine Reattribution (**G**).

Psychosomatik

Das **psychosomatische Ursachenspektrum** hingegen wird in der Regel nicht vom Patienten ins Feld geführt, höchstens einmal von »ausgebildeten Kranken«. Häufig werden psychodynamische Deutungen sogar lebhaft zurückgewiesen. Ohne diesen Anteil in der Ätiologie überbetonen zu wollen: Die Beleuchtung der Ulcus-Persönlichkeit ist lohnend. Einige nützliche Folgerungen für den täglichen Umgang lassen sich unmittelbar aus ihr ableiten.

Die ältesten Persönlichkeitsbeschreibungen stammen von Alexander. Er unterscheidet zwei Typen: Einen offen abhängigen, anlehnungsbedürftigen, hilfesuchenden, liebefordernden Typ. Und einen zweiten, bei dem diese Tendenzen zwar unter der Oberfläche spürbar sind, der das aber durch Leistung, betonten Ehrgeiz, Übernahme von Verantwortung überkompensiert (Alexander 1951). Die spätere psychosomatische Literatur kennt zahlreiche Subtypen, die für die Zwecke dieser Darstellung außer Betracht bleiben können.

Beim ersten Typus können sich passive Anklammerungstendenzen für den Arzt recht anstrengend auswirken. Im übrigen werfen diese Patienten aber keine größeren Probleme auf. Beim zweiten Typ hingegen ist die Situation entsprechend der Ambivalenz des Patienten vielschichtiger. Unter der bewußten Tüchtigkeit, Fürsorglichkeit und Gebefreude findet sich heftiges

Verlangen nach Zuwendung, Unterstützung und Anlehnung etc.

Diese Patienten pflegen immer zu kurz zu kommen, da sich die Umwelt an die bewußte Fassade hält. Das kann sich auch in der Sprechstunde ereignen, wenn man diesen anspruchslos auftretenden Zeitgenossen Zeit, Zuwendung oder Krankschreibung nur knapp zuteilt. Sie werden nur selten offen protestieren, und dann meist mit unscharfer Zielrichtung. Aber sie werden hinterher einen untergründigen Groll empfinden, der die Beziehung (und natürlich ihren Magen) belastet. Wenn sie wirklich einmal explodieren, dann fast nie bei der Elternfigur Arzt, sondern bei den »Geschwistern« im Vorzimmer.

Rauchen

Schließlich noch einige Sätze zu schädlichen Lebensgewohnheiten, insbesondere zum **Rauchen**. Der ätiologische Stellenwert ist zwar umstritten. Seit langem ist aber die raschere Ulcusheilung nach Nikotinverzicht bekannt (Doll et al. 1958), ebenso die schlechtere Abheilung von Duadenalulcera bei Rauchern (Peterson et al. 1977). Die Weitergabe dieser Information pflegt wenig zu bewirken. Zigaretten sind für den Magen-Patienten ein Mittel zur Trieb-Balance. Er setzt sie weniger zur Stimulierung, eher zur Beruhigung ein. Entzüge gestalten sich dadurch nicht einfach. Prinzipiell folgen sie aber auch hier den Regeln, die in einem eigenen Kapitel beschrieben sind.

ULCUS-PATIENTEN

Cave Benachteiligung! Die Patienten laden dazu ein.

Cave Dissimulation! Nicht selten neigen Ulcus-Patienten unter der heutigen Behandlung dazu, die Vorzüge der Krankenrolle nur kurz - **zu** kurz! - wahrzunehmen. Kaum sind sie schmerzfrei, und das geht ja mit H_2-Blockern sehr schnell, schon drängen sie wieder auf Einsatz. Hier muß man den Kranken zuweilen sanft zu etwas heilsamer Regression nötigen.

Diagnostische Compliance: Die Gastroskopie als kunstgerechtes Diagnoseverfahren unterbleibt oft, da der Patient ihr auszuweichen trachtet. Zuweilen steigt die Überzeugungskraft des Arztes, wenn er hier seine eigene Einstellung überprüft und festigt. Auch bildliche Vergleiche, etwa der eines Scherenschnitts mit einem Farbphoto, können im Einzelfall von der Überlegenheit der Endoskopie überzeugen.

In die gleiche Richtung zielt eine Metapher, die wir einem persischen Gastroenterologen verdanken: Er zeigt auf ein Buch auf seinem Schreibtisch und fragt den Patienten, was das sei.
»Ein Buch,« antwortet der Patient.
»Und was steht drin?«, fragt er als nächstes.
Der Patient zuckt mit den Schultern.

ULCUS-PATIENTEN

»Wenn Sie aber herausfinden wollen, was drin steht?«- Der Patient: »Dann schaue ich hinein.«
Jetzt ist die Stunde des Arztes gekommen: »Sehen Sie,« sagt er, »genauso ist es mit der Magenuntersuchung. Das Röntgen gibt soviel her wie ein Buch von außen. Wenn Sie Bescheid wissen wollen, müssen Sie hineinschauen.«
Falls das nicht hilft: Wer sich nicht mit der Verantwortung für diagnostische Halbherzigkeiten belasten will, läßt sich eine Ablehnung gegen ärztlichen Rat unterschreiben. Gelegentlich führt das zum Sinneswandel.

Aktivieren: Passive Züge der Ulcus-Persönlichkeit mögen den Arzt zu immer neuen Lösungsideen beflügeln. Der Patient wird sie Stück für Stück als undurchführbar zurückweisen. Günstiger ist es, die Aktivität des Gegenübers durch Fragen aus der Reserve zu locken: »Was könnten Sie selbst tun, damit es Ihnen besser geht?« Mosaiksteinartig lassen sich so fast immer neue Verhaltensräume entdecken.

Ausländerprobleme: Die beschriebenen Schwierigkeiten werden durch Sprachbarrieren oft noch verschärft. Betonte Nachsicht ist angezeigt. Daneben erweisen sich fremdsprachige Patientenbroschüren in diesem Zusammenhang als ausgesprochen hilfreich.

ULCUS-PATIENTEN

Langzeit-Rezidiv-Prophylaxe: Die Langzeit-Compliance stellt vor besondere Probleme. Betonung des Ulcus als **chronische** Krankheit kann bei der Überzeugungsarbeit helfen. Daneben ist regelmäßige Kontrolle unerläßlich, z.B. vierwöchentlich mit schriftlicher Terminkarte.

ULCUS-PATIENTEN

Cave Benachteiligung! Auch im Vorzimmer lädt der Patient dazu ein. Oft glaubt er auch nur, er sei benachteiligt, z.B. in der Wartereihe übersprungen worden. Wer dann milde Nachsicht üben kann, tut das Beste für alle Beteiligten!

Explosionen milde auf Betriebstemperatur herunterarbeiten! Im Grunde kann man den meisten dieser Patienten nicht richtig böse sein.

Gastroskopie-Termine in Fachpraxen telefonisch zu vermitteln und **schriftlich** mitzugeben, erhöht die Wahrscheinlichkeit der Durchführung. Nicht empfehlenswert bei unzuverlässigen Patienten, die sich dann für die Einhaltung des Termins nicht verantwortlich fühlen.

Bei der **Langzeit-Rezidiv-Prophylaxe** sieht man deutlich bessere Compliance, wenn für die Kontrolltermine ein Erinnerungs-Service vereinbart wird.

FUNKTIONELLE UND DEPRESSIVE SYNDROME

»Als ob das Blut in den Adern kocht..., ...der Magen brennt wie Feuer..., ...nein, seelisch ist nichts, bei mir ist alles normal.« Ein Thema mit zahllosen Variationen in der großen Bandbreite zwischen funktionellen Syndromen und larvierter Depression im engeren Sinne. So vielgestaltig und expressiv die Symptome, so stereotyp ist (zunächst) die Abwehr eines nicht-körperbezogenen Erklärungsversuchs. Da dem Arzt Auffälligkeiten seines Gegenübers im Erlebnis- und Verhaltensbereich geradezu ins Auge springen, ist er versucht, an bewusste Dissimulation zu denken.

»Verschiebung der Null-Linie«

Tatsächlich verhält es sich aber meist anders: Wenn jemand Tag für Tag unter extremen Bedingungen oder in extremer Gemütsverfassung verbringt, (und weder Zeit noch Lust zur Besinnung hat), dann wird sich für ihn das Gefühl von Normalität unmerklich verändern. Meßtechnisch ausgedrückt: Seine Null-Linie verschiebt sich. Äußere Unterstützung erfahren diese Abwehrvorgänge durch den Bezugsrahmen des hastigen, lärmenden Zeitgeists, dem Materie heilig und der Rest nicht vorhanden ist.

Goldene Brücken zum Laienkonzept

Im Hinblick auf Compliance sind diese Überlegungen notwendig, da sie auf eine gängige **Attribution(G)** in Laienkonzepten hinweisen: Krankheit als »hardware«-Defekt. Wer diese Zuordnung nicht aufbricht, wird schon im Vorfeld der eigentlichen Behandlung in Fußangeln laufen. Denn ein Therapievorschlag wird kaum aufgegriffen werden, wenn er in der Vorstellungswelt des Patienten auf die falsche Ursache, um im Bilde zu bleiben: die Software, zielt.

Deshalb folgen hier zunächst ein paar Ideen zur **Reattribution(G)**, zur sanften Hinführung des Patienten zur seelischen Bedingtheit seiner Leiden: Eine **kognitiv** orientierte Möglichkeit, den Weg vom Zielorgan zur Psyche zu bahnen, bietet das Telefongleichnis (Gärtner-Huth 1986): »Wenn Sie telefonieren, und das Gespräch ist durch Knacken oder Rauschen gestört, dann wissen Sie doch auch nicht, ob die Störung in Ihrem Apparat liegt, oder in der Leitung, oder in der Zentrale. Genauso verhält es sich mit dem Schmerz: Oft ist er nicht da begründet, wo man ihn spürt, sondern in der Leitung, der Nervenbahn, oder in der »Zentrale«, dem Gehirn.«

Auf die **emotionalen** Hindernisse zielt die Strategie, zunächst partiell **mit der Abwehr** des Patienten zu **koalieren**: »Ich halte ja auch nicht viel von diesem Psychologen-Kram, aber manchmal ist halt doch etwas dran.« oder so ähnlich. Bei der Wahl des Einstiegs-

Themas empfiehlt es sich dann, **außen** zu **beginnen**, also bei äußeren Belastungen, und nicht bei inneren Konflikten. Das ist unverbindlicher, weniger belastend, eine Art goldene Brücke zum späteren Ansprechen der Innenwelt.

Eine weitere Entlastungsstrategie besteht darin, gelegentlich **biologische Erklärungen** einfließen zu lassen: »Das Nervensystem ist halt ein Organ wie jedes andere auch, und genauso störanfällig. Wenn Sie einen Nierenstein hätten, würden Sie das auch nicht als persönliches Versagen nehmen.« Paradoxerweise öffnet ein solches Vorgehen, das sich nur **scheinbar** mit der Abwehrhaltung solidarisiert.

Man wird mit Kunstgriffen dieser Art keine Berge versetzen. Immerhin schlagen sie der Kooperationsbereitschaft eine Bresche. Und es ist schon eine Menge gewonnen, wenn sich ein minimales Problembewusstsein zur gemeinsamen Ausgangsbasis machen lässt. Weitere Schritte haben dann reele Chancen, z.B. die Verordnung eines Psychopharmakons.

Probleme der gängigen Verschreibungspraxis

Nehmen wir an, die Indikation dazu sei geklärt und auch vom Patienten akzeptiert. Als nächstes Problem stellt sich jetzt die Compliance-gerechte Auswahl von Stoffklasse und Dosierungsaufbau. In diesem Rahmen sollen pharmakologische Kriterien nur am Rande erwähnt werden. Im Vordergrund stehen die reale Verschreibungspraxis und die damit verbundenen Compliance-Aspekte.

Zum Einsatz kommen grundsätzlich Antidepressiva, Tranquillantien und Neuroleptika, letztere besonders in injizierbarer Depot-Form. Exakte Zahlen zur Verordnung dieser Substanzen im besprochenen Indikationsgebiet liegen nicht vor. Es kann aber davon ausgegangen werden, daß der depressive Formenkreis mit Somatisierungen aller Art quantitativ führendes Einsatzgebiet von Psychopharmaka ist. Insofern erlauben die Zahlen des »Arzneiverordnung-Report'89« einen gewissen Rückschluß auf die Verschreibungspraxis im hier interessierenden Bereich.

Dabei ergibt sich folgendes Bild (Zahlenangaben: Verordnete definierte Tagesdosen 1988): Mit weitem Abstand führen als Spitzenreiter Tranquillantien (417 Mio.). Das beeindruckt im Angesicht der Tatsache, daß diese Stoffgruppe nicht eigentlich antidepressiv wirkt und mit einem beträchtlichen Gewöhnungsrisiko behaftet ist. Mit weitem Abstand folgen Antidepressiva (212 Mio.) und Neuroleptika (166 Mio.) (Schwabe et al. 1989).

Betrachtet man die Compliance-Effekte der drei Stoffgruppen, so wundern einen die Zahlen nicht: Tranquilizer gehören zu den wenigen Pharmaka mit einem

Compliance-Index größer als 1. Die Non-Compliance äußert sich hier nicht im Unterlassen der Einnahme, sondern in der eigenmächtigen Steigerung. Der Effekt ist so ausgeprägt, daß es keiner statistischen Tests bedarf, ihn zu belegen. Jeder niedergelassene Arzt wird das aus der Alltagserfahrung unmittelbar bestätigen können. Offenkundig sind die Kurzzeit-Effekte der Tranquillantien so angenehm, - »die rosarote Brille für die Psyche«-, daß es zur operanten Konditionierung(G) des Einnahme-Verhaltens kommt.

Die eigentlich indizierten Antidepressiva tun sich da schwerer. Ihr therapeutischer Effekt benötigt Zeit; das erfordert Geduld. Anfängliche Nebenwirkungen wiegen bei der kritischen Zielgruppe schwerer, als aus objektiver Sicht angemessen wäre. Resultat: Bevor sich noch eine Wirkung aufbauen konnte, wird die Einnahme oft schon nach wenigen Tagen eingestellt.

Neuroleptika schließlich sind für den beschriebenen Formenkreis gleichfalls primär nicht indiziert, imponieren aber in ihren injizierbaren Depot-Formen durch die gute Steuerbarkeit. Wenn ein Patient Termine einhält, ist hier die Compliance gleich 1. Die Vereinigung aller Vorzüge wäre ein injizierbares Depot-Antidepressivum, das es aber bis heute leider nicht gibt.

Kooperation bei schweren Depressionen besser

Ein abschließendes Wort noch zur Behandlung schwerer Depressionen. Der Energiehaushalt ist hier so angegriffen, daß der »patiens« den Aufwand für Abwehrmanöver lieber einspart, sich stattdessen bereitwillig dem Behandlungsregime das Arztes unterwirft. Hier mag der englische Wortsinn von compliance = Willfährigkeit, Unterwerfung ausnahmsweise einmal zutreffen. Der Patient ist so gequält, daß er anfängliche Nebenwirkungen der Medikation selbst in Gestalt massivster Sedierung hinnimmt, nicht selten gar begrüßt wie Egmont den Schlaf. Hierin dürfte der Grund liegen, warum Psychiater Compliance-Probleme depressiver Patienten oft geringer einschätzen: Weil sie im Unterschied zum Allgemeinarzt eine selektierte Stichprobe mit höherem Schweregrad zu Gesicht bekommen.

FUNKTIONELLE UND DEPRESSIVE SYNDROME

Koalition mit der Abwehr: Viele dieser Patienten halten nicht sich, sondern die Welt für verquer. Es erleichtert den Zugang, wenn man das zunächst akzeptiert. In kleinen Schritten lässt sich der Widerstand später in aller Regel aufweichen.

Beschwerde-Inventar: Ein Fragebogen, der körperliche Symptome betont, wie z.b. der Gießener Beschwerdebogen (GBB, Brähler et al. 1983), kollidiert zunächst nicht mit der Patienten-Abwehr psychologischer Erklärungsversuche. Über die Auswertung lässt sich dann unauffällig ins Gespräch kommen.

Reattribution (G): Soll eine antidepressive Therapie angenommen werden, so muß der Patient erst einmal überzeugt werden, daß seine Beschwerden zum depressiven Formenkreis gehören. Das fällt in der Regel leichter, wenn man das Nervensystem zum Organ erklärt, das genauso krank werden kann wie jedes andere auch.

Nebenwirkungsgespräch obligatorisch! Wenn eine Gruppe zu exaktestem Beipackzettel-Studium mit ängstlichster Reaktion neigt, dann diese. Der Arzt kann hier durch seine Gewichtung und Interpretation »hyposensibilisieren".

FUNKTIONELLE UND DEPRESSIVE SYNDROME

Maßgeschneiderter Dosisaufbau! Die Alternative heißt im wesentlichen: **Einschleichen** oder Beginn mit der **Volldosis.**

Einschleichen: Voraussetzung ist hier ein feindosierbares Präparat, wie es mit Trimipramin-Tropfen oder Doxepin-5mg-Tabletten zur Verfügung steht. Den Autoren hat sich folgendes Einnahme-Schema bewährt: Beginn mit 7 Tropfen (=7mg Trimipramin) zwei Stunden vor dem Schlafengehen. Innerhalb einer Woche tägliche Dosissteigerung um 3 Tropfen bis zur Zieldosierung von 25 mg Trimipramin, die dann in Form einer abendlichen Tablette weitergeführt werden kann (Huhn, Rönsberg 1989). Eine schriftliche Compliance-Stütze macht die Befolgung problemlos.

Volldosis: Nur bei gleichzeitiger Krankschreibung und entsprechender Vorwarnung auf vorübergehende massive Sedierung. Geeignet bei schweren Fällen und Zeitdruck. Die Nebenwirkung lässt sich aber auch dienstbar machen im Sinne einer »Erstverschlimmerung«(G): »Anfangs werden Sie sich noch zerschlagener fühlen. Aber das ist gut; denn es zeigt, daß der Wirkstoff bei Ihnen anschlägt.«

FUNKTIONELLE UND DEPRESSIVE SYNDROME

Empfehlungen aus der Bezugsgruppe: Nicht selten wünschen Patienten eine Verschreibung, die sich bei Verwandten, Nachbarn o.ä. bewährt hat. Im Arzt sträubt sich etwas bei solchem Unfug. Es kann aber durchaus das geringere Übel darstellen, auf den Vorschlag einzugehen, falls er nicht geradezu kontraindiziert ist. Man sollte es aber dann möglichst nicht widerstrebend tun, sondern mit Verstärkungseffekt: »Das ist ein hervorragendes Medikament, das Ihr Schwager da einnimmt...« Im Regelfall darf man mindestens einen soliden Placebo-Effekt erwarten. Ein optimal indiziertes Medikament, das nicht eingenommen wird, kann da nicht konkurrieren.

Professionelle Psychohygiene: Nicht selten erlebt man depressive und psychosomatische Non-Complier als »crux medicorum«. Sobald ein solches Gefühl hochkommt, empfiehlt sich professionelle Selbstdistanz. Routiniers gönnen sich eine Kurzentspannung, notfalls auch bei andauerndem Redefluß des Gegenübers. So erobert man Konzentration und Souveränität in kürzester Zeit zurück.

FUNKTIONELLE UND DEPRESSIVE SYNDROME

Gelassenheit auch bei frequentester Inanspruchnahme. Diese Patienten kommen (zeitweise) fraglos zu oft, und sie beanspruchen jedesmal überproportional viel Zeit. Aber sie können wohl nicht anders. Und wer sich in seiner Geduld nicht beirren lässt, mag sie sogar irgendwann.

Diskrete Vorkontrolle von Rezeptwünschen. Die Verschreibungsmenge des letzten Rezepts, dividiert durch die Zahl der verstrichenen Tage, gibt einen Anhalt für den Tageskonsum. Er pflegt bei Tranquilizern höher und bei Antidepressiva niedriger zu sein als die verordnete Dosis. Das Thema eignet sich nicht für die Diskussion am Empfang. Deshalb kurzer Karteivermerk für den Arzt!

»Vorzimmer-Psychotherapie«: Bei manchen Patienten beobachtet man eine merkwürdige Unterscheidung der Mitteilungsbereitschaft. Dem Doktor berichten sie ihre Symptome, seiner Helferin ihre Sorgen. Oft bewirken hier ein paar tröstende oder aufmunternde Worte (Compliance-)Wunder. In schweren Fällen den Arzt informieren!

Wiederbestell-Termin schriftlich mitgeben! Wenn nicht aus anderen Gründen früher, nach Aufbrauch von ca. 80% der Verschreibungsmenge.

FUNKTIONELLE UND DEPRESSIVE SYNDROME

Bezugspersonen einbeziehen! Das kann den sozialen Druck auf den Kranken mindern und seine Kooperation durch äußere Kontrolle verbessern. Kontraindiziert bei pathologisch kontrollierender Partnerbeziehung.

Verlaufsbeobachtung durch Kurzfragebögen: Die Selbstwahrnehmung dieser Patienten ist sehr diffus, so daß Besserungen oft untergehen. Das entmutigt nicht nur den Kranken, sondern zuweilen auch den Arzt. Kurzfragebögen, wie z.b. die Depressions-Skala (D-S, Zerssen et al. 1976), erfassen aber schon leichtere Grade der Besserung. Sie werden so objektiviert und können dem Patienten ein positives Feed-Back geben.

Zeitstempel bei begleitender schwerer Schlafstörung: Manche Patienten sind überzeugt davon, daß sie nachts nicht eine Minute geschlafen haben. Ein Schlafprotokoll mit manipulationsgesichertem Zeitstempel (im Stempelfachhandel erhältlich) klärt nicht nur, sondern hilft auch. Die Patienten werden angewiesen, nachts zu jeder vollen Stunde einen Dokumentationsstempel auf das Protokoll zu drücken. Viele stehen dann früh vor einem leeren Blatt Papier. Die Intention, die volle Stunde abzuwarten, macht nämlich ungleich müder als der Vorsatz, einzuschlafen (Daunderer 1987).

RAUCHEN

Als Arzt neigt man dazu, die Welt in die Kategorien krank und gesund aufzulösen. Zweigesichtigen Gegenständen, wie den Genußgiften, wird man damit immer nur zur Hälfte gerecht. Rauchen z.B. ist an sich keine Erkrankung. Man wird einen leidenschaftlichen Raucher kaum verstehen können, wenn man am Tabakkonsum nur die Schädlichkeit sieht.

Lob des Tabaks

Daher zunächst ein kleiner kultureller Rückblick: Tabak wird seit dem 16. Jahrhundert nach Europa eingeführt, und bevor er zum Genußmittel wurde, war er zunächst Medizin. Das entsprach einem wesentlichen Element seiner kulturellen Tradition in den Herkunftsregionen in Süd- und Nordamerika. Die Benutzung war rituell verankert und oft Privileg des Medizinmannes. Die Indikationen waren vielfältig, angefangen beim Auflegen von Tabakblättern auf Wunden über das Anblasen mit Rauch bis hin zur Benutzung als Wehenmittel bei verzögertem Geburtsverlauf.

Auch bei der Einführung nach Europa dominierten zunächst medizinische Indikationen: »Dieses Tobacktrinken ... führt auch den Schleim und die phlegmatische Feuchtigkeit aus; ist gut für die Wassersucht...« (aus einer Flugschrift, zit. nach Schivelbusch 1980) »... macht das Gehirn und die Nerven trockner und beständiger. Daraus folgt eine sichere Urteilskraft, eine klarere und umsichtigere Vernunft und eine größere Beständigkeit der Seele ... Gleichzeitig schwächt er aufgrund derselben trocknenden Wirkung die erotischen Leidenschaften und lenkt die lüsterne Einbildungskraft, die soviele müßige Männer beschäftigt, in andere Richtungen.« (aus: Le bon usage du tabac en Poudre, 1700 zit. n. Schivelbusch 1980)

Im 17. und 18. Jahrhundert wandelt sich aber das Bild. Für die Autoren dieser Epoche gehören »trockene Trunkenheit« (wie Jesuitenprediger Jakob Balde 1658 das Rauchen benennt) oder »Sauferei des Nebels« (von der der kurpfälzische Gesandte v. Rusdorff 1627 aus den Niederlanden berichtet) und geistige Arbeit eng zusammen: »Einer, der studiert muß notwendig viel Tabak rauchen, damit die Geister nicht verloren gehen...« (Beintema von Palma, holländischer Arzt)

In dieser Zeit ist die Pfeife das herrschende Rauchgerät, Anfang des 19. Jahrhunderts kommt die Zigarre hinzu, entsprechend der kolonialen Beziehung der den Tabak importierenden Länder: Die Pfeife über England, Frankreich und Dänemark aus Nordamerika, die Zigarre über Portugal und Spanien aus Mittel- und Südamerika.

Die Zigarette - ein Symbol des modernen Zeittakts

Mit der Einführung der Zigarette um die Wende zum 20. Jahrhundert findet gleichsam auch die Beschleunigung der Zeitlichkeit ihren Ausdruck. Der Kulturhistoriker Alexander von Gleichen-Russwurm schreibt 1914: »ein Symbol des modernen Lebens..., die kein Ausruhen bringt, kein Vertiefen und Nachdenken im ernsten Gespräch begleiten will. Sie regt an, aber sie verglimmt, sobald der angeregte Gedanke Feuer gefangen hat.«

»Die Zigarette verkörpert einen anderen Zeitbegriff als die Zigarre. Die Ruhe und Konzentration, die ein Zigarettenraucher im 20. Jahrhundert empfindet, ist eine andere, als die des Zigarren- oder Pfeifenrauchers im 19. Jahrhundert« (Schivelbusch 1980). Ein moderner medizinischer Autor beschreibt das Rauchen, wie wir es weiter unten wiederfinden werden: »Bereits *motorisch* (Hervorh. i. O.), also nicht allein nikotinbedingt, löst das Rauchen schlagartig psychomotorische Spannungszustände; es lenkt Erregungen in eine beruhigende Motorik ab. Die nervös unruhige Hand betätigt sich rauchend zweckvoll ... Rauchen verschafft Beschäftigung ... Motorisch, pharmakologisch und sinnesphysiologisch schafft Rauchen lustvolle Stimmungslage, Zustandsgefühle recht verschiedener Tönung, behagliche Anregung zu geistiger Arbeit, angenehm empfundene Beruhigung, zufriedene Wunschlosigkeit, gemütliche Geselligkeit.« (Pohlisch, zit. n. Schivelbusch 1980)

Vielleicht stimmt ein solcher Exkurs, der die tiefe kulturelle Verwobenheit eines aus medizinischer Sicht zugegebenermaßen gefährlichen Verhaltens akzentuiert, zu größerer Gelassenheit dem Thema gegenüber. Dies könnte nützlich sein, den Abstand zu gewinnen, aus welchem gezielte Veränderung erst wieder denkbar und möglich wird.

Rauchen als Risikofaktor

Über die Schädlichkeit des Nikotins und der Teerbestandteile braucht man kein Wort mehr zu verlieren. Wie so oft wird die Endstrecke eines bestimmten, wie wir oben gesehen haben, kulturell verankerten Verhaltens zu einem medizinischen Problem:
Vor dem Hintergrund moderner Statistik steht das Rauchen als Risikofaktor für Herz- Kreislauferkrankungen hinter dem Cholesterin als Risikofaktor auf Platz 2, im Einzelfall allerdings an erster Stelle. Im Übermaß, dessen Grenzen wiederum schwer zu bestimmen sind, wird Rauchen außerdem zum Risiko, z.B. für entzündliche Atemwegserkrankungen, für das Lungencarcinom, bei der Ulkus-Krankheit, aber auch bei oraler Kontrazeption.

Die Sozialisation zum Raucher

Die Rauchgewohnheit resultiert im wesentlichen aus sozialen Bedingungen. Ihre Entstehungsphase liegt dabei überwiegend im Jugendalter und kann sich über wenige Tage auf bis zu zwei Jahre erstrecken. Dabei gilt: Je mehr Raucher in der Umgebung des Jugendlichen, desto höher die Wahrscheinlichkeit, daß er zum Gewohnheitsraucher wird.

Bedingungsgefüge der Gewohnheit

Bei der Beibehaltung der Gewohnheit werden anschließend physiologische und psychologische sowie kulturelle Faktoren in komplexer Weise zusammen wirksam, was einen Entzug oft so mühsam erscheinen läßt:

Physiologisch führt das Absinken des Nikotinspiegels im Blut (bei einem starken Raucher etwa nach ca. 20 - 40 Minuten) zur EEG-Verlangsamung, Stimmungsverschlechterung und damit zu steigendem Rauchverlangen (Miltner et al. 1986). Aber auch bei vollständiger Nikotinsubstitution (z.B. durch Nikotinkaugummi, Injektion (inzwischen verlassen) oder (als neueste Entwicklung) Nikotinpflaster) wird das Rauchverhalten auf niedrigem Niveau beibehalten.

Das resultiert aus einer, an konditionierte Reize gebundenen Aktivierungsmodulation, d.h. je nach Situation wird das Rauchen zur Beruhigung oder Stimulation eingesetzt. Dies gelingt dem Raucher dadurch, daß er sich entweder auf die periphere, muskelrelaxierende Wirkung des Nikotins an der muskulären Endplatte konzentriert (»Rauchen entspannt mich!«) oder auf die stimulierende Wirkung im ZNS (»Ich kann mich beim Rauchen besser konzentrieren!«).

Ein Raucher, der pro Tag 20 Zigaretten raucht und pro Zigarette 10 Züge macht, verabreicht sich auf diese Weise im Jahr etwa 70 000 Nikotin-Schüsse und beeinflußt damit je nach Wahrnehmungsrichtung Aufmerksamkeit, Aggressivität, Langeweile etc. Die stärksten Entwöhnungserscheinungen beim Entzug treten bis zu 24 Stunden nach der letzten Inhalation auf, mit der entsprechend größten Rückfallgefahr zu diesem Zeitpunkt.

»Mit dem Rauchen aufzuhören ist ganz einfach. Ich habe es schon hundert Mal geschafft.« (Mark Twain)

Obwohl viele Raucher rückfällig werden und die Langzeitergebnisse bei den meisten Verfahren nur bei etwa 15% liegen, ist Resignation nicht angebracht. Es ist bekannt, daß es im Einzelfall oft mehrerer Anläufe bedarf, bis die Absicht gelingt und daß möglicherweise auch unterschiedlichste Verfahren zum Entzug individuell kombiniert werden müssen. Es scheint sich dabei um eine Art individuellen Trial and Error zu handeln, wobei in jeder Entzugsphase andere Rückfallfaktoren wirksam werden, bis der Raucher alle Fallen kennengelernt hat, in die er rutschen kann. Vor diesem Hintergrund ist es richtig, dem Raucher auch seinen gescheiterten Entzugsversuch zum Erfolg umzudeuten, zur gemeisterten Stufe einer Treppe.

Wirkungsvolles Kuriosum: Das Schnellrauchen

Die besten Ergebnisse bei der Raucherentwöhnung wurden mit der Technik des »Schnellrauchens« in Verbindung mit Selbstkontrollmaßnahmen und Protokollierung erzielt. Der Raucher führt dabei alle 6 Sekunden einen Zug durch, und zwar über 5-10 Minuten und konzentriert sich auf das dabei entstehende Unbehagen. Das Verfahren wird bis zur absoluten Sättigung durchgeführt, d.h. bis der Raucher »nicht mehr kann«.

Dieses Verfahren ist durch die Teilnahme von 35000 Versuchspersonen belegt und hat nach 6 Monaten noch Abstinenzraten von 90-100 %, nach 6 Jahren noch Quoten von 36-47 % (Miltner et al. 1986).

Natürlich kann ein solches Verfahren aus ethischen Gründen nicht für bereits an lebensbedrohenden Folgen des Nikotinmißbrauchs erkrankte Patienten empfohlen werden, obwohl selbst bei dieser Gruppe befürchtete Folgen nicht eintraten. Trotz guter Erfolge dürfte die Anwendung auf verhaltenstherapeutische Praxen beschränkt bleiben. Ein Methodenrepertoire, das den Bedingungen der Allgemeinpraxis gerecht wird, findet sich auf den folgenden Seiten.

Methodenrepertoire

Zum Vorgehen im einzelnen:

1.Schritt:
Obwohl es unsere Pflicht ist, den Patienten auf die Schädlichkeit des Rauchens in seinem speziellen Fall hinzuweisen, führt dieses Verhalten in der Regel zur Reaktanz(G): Der Patient versucht, bedrohte Freiheitsgrade zu erhalten oder zurückzugewinnen. Man wird sich also vorsichtig herantasten: »In Ihrer Situation wäre es aus medizinischer Sicht wünschenswert, Sie würden nicht weiterrauchen. Könnten Sie sich vorstellen, sich das Rauchen abzugewöhnen?«

Oft erntet man auf diese Frage ein mitleidiges Lächeln, denn meist hat der Betreffende dies bereits mehrfach »mit Gewalt«, aber ohne Erfolg probiert. Günstiger sind die Voraussetzungen bei Patienten, die die Absicht zum Entzug selbst an den Arzt herantragen.
Haben Sie eine ungefähre Einschätzung der Motivationslage, folgt der

2.Schritt:
Entsprechend der eigenen Einschätzung des Patienten ist zu entscheiden, ob der Entzug schrittweise oder abrupt durchgeführt wird. Zur Unterstützung des schrittweisen Abbaus bewährt sich **protokollierte Selbstbeobachtung,** je differenzierter, desto besser. Ein

Protokoll der gerauchten Zigaretten wirkt kaum, Protokollieren der nicht gerauchten hingegen ist erfolgreich. Der Effekt läßt sich steigern, wenn die Auslösesituationen des Rauchverlangens festgehalten werden. Dieses Vorgehen findet seine Grenzen an Fähigkeit und Bereitschaft der Patienten zu aufwendigeren Formen der Mitarbeit.

Ähnlich wie beim Adipösen sind kleine Schritte durch **sofortige** Belohnung zu verstärken. Damit das gelingt, müssen **vor** Entwöhnungsbeginn möglichst viele, auch im Alltag schnell umsetzbare, kleine Belohnungen **vom Patienten selbst** ausgedacht werden. Erfahrungsgemäß ist das ein schwieriges Kapitel, da es hier um Neuland geht, um Verhaltensalternativen, auf die der Patient bisher zugunsten der Zigarette verzichtet hat. Dieser Schritt ist äußerst wichtig und der Arzt muß unbedingt darauf insistieren! Als Anregung für Frauen: z.B. kosmetische Artikel, für Männer: z.B. Hobbyzubehör.
Zur physiologischen Unterstützung der verhaltensmedizinisch(G) orientierten Verfahren stehen **Nikotinkaugummis** und **neuerdings Nikotinpflaster** in verschiedenen Stärken zur Verfügung.

3. Schritt:
Wirklich erfolgreich ist eine Raucherentwöhnung aber erst, wenn sie anhält, denn sich das Rauchen abzugewöhnen ist einfach, siehe oben, gelingt es jeden Tag doch mehrmals - bis eben zur nächsten Zigarette. Der

Raucher muß - ähnlich wie der Adipöse - lernen, andere, weniger schädliche Verhaltensweisen, Belohnungen etc. an die Stelle des Nikotingebrauchs zu setzen. Zur langfristigen Festigung neuerworbener Verhaltensalternativen dienen **Kontingenzverträge**, z.B. mit Familienangehörigen oder Arbeitskollegen. Dabei werden beispielsweise von einem zu Beginn des Entzuges eingezahlten Geldbetrag Teilsummen nach überstandenen Zeitabschnitten zurückerstattet. Diese Beträge sollten für vorher ausgewählte größere Belohnungen verwandt werden, etwa für Anschaffungen im Zusammenhang mit Hobbies, Wohnungseinrichtung, Reisen etc.

IMPFUNGEN

Impflücken größer als Impfschutz

Der Impfstatus bundesdeutscher Erwachsener weist mehr Lücken als Schutz auf. Jüngeren epidemiologischen Studien zufolge **fehlen** wirksame Antikörper-Titer **gegen Polio** und **Tetanus** bei der **Hälfte**, gegen **Diphtherie** gar bei **80%** der Untersuchten (Plassmann 1989). Es ist davon auszugehen, daß es um die Immunität gegen Mumps und Masern noch schlechter bestellt ist.

Hierbei ist zu bedenken, daß es beim Tetanus »nur« um ein individuelles Risiko geht: Circa 10 Todesfälle pro Jahr in Westdeutschland. Bei Diphtherie und Polio hingegen können Impflücken in dieser Größenordnung dramatische Konsequenzen **für das Gesamtkollektiv der Ungeimpften** haben, - wenn nämlich eingeschleppte Fälle zum Herd einer Epidemie werden.

Die bedrohlich großen Impflücken irritieren umso mehr, als die Ausgangslage im Vergleich zu anderen Compliance-Problemen ungewöhnlich günstig ist. Insbesondere sind die Anforderungen an die Mitarbeit der Patienten minimal: Um z.B. einen Dauerschutz gegen die drei erstgenannten Risiken aufrechtzuerhalten, reicht bei synchroner Gabe **ein** Impftermin alle **zehn Jahre**.

Das Ursachenspektrum reicht von kognitiver Dissonanz...

Über den ursächlichen Hintergrund der Non-Compliance auf diesem Sektor gibt es unseres Wissens keine Untersuchungen. Bei einem größeren Teil der Impfmüden dürfte es sich einfach um Nachlässigkeit handeln. Konflikte mit dem Laienkonzept spielen hier eine untergeordnete Rolle. Dafür spricht u.a. die mehrheitlich problemlose Akzeptanz der Tetanus-Immunisierung im Verletzungsfall.

Als psychologisches Hindernis liegt allerdings wie so oft bei Non-Compliance **kognitive Dissonanz(G)** vor: Rational ist vielen das Ausmaß der vermeidbaren Risiken klar. Gleichzeitig löst der Gedanke an Arztbesuch mit Wartezeit, Injektion etc. ein gewisses Unbehagen aus. Wissen läßt sich leichter beiseite schieben als Unbehagen. Dies gilt insbesondere für abstraktes Wissen, z. B. von statistischen Daten. **Nach Epidemien pflegt das anders zu sein. Die Gefahr ist dann anschaulich geworden.**

Dennoch haben Compliance-Strategien bei Verdrängungs-Künstlern gute Aussicht auf Erfolg. In der Regel ist nur externe Kontrolle erforderlich, wie sie mit einer Impfkartei, z.B. der Impfothek[R], leicht zu steuern ist.

...bis zu ideologischem Natürlichkeits-Kult.

Das Problem zur Gänze mit sorgloser Passivität zu erklären, dürfte aber den Sachverhalt unzulässig simplifizieren. Bei einer kleineren Gruppe läßt sich nämlich ein deutlicher Widerstand feststellen. An der Fassade ist zwar oft nur Indifferenz wahrzunehmen. Hakt man aber im Gespräch nach, so stößt man auf Skepsis gegenüber Impfungen, gelegentlich sogar auf echte Opposition. Je nach Struktur des Patientenstamms ist nach unseren Schätzungen bei 10 bis 25 Prozent der Patienten mit mehr oder weniger ausgeprägter Impfgegnerschaft zu rechnen. Es gibt hier erhebliche Überschneidungen mit der Gruppe prinzipieller Antibiotika-Gegner.

In der Mehrzahl der Fälle lassen sich die Bedenken der meist nur verunsicherten Patienten im Gespräch aus dem Weg räumen. Der harte Kern dagegen, der ärztlicher Überzeugungsarbeit konsequent widersteht, ist klein. Man schont sich und respektiert die Entscheidungsfreiheit seiner Patienten, wenn man die kleine Gruppe überzeugter Impfgegner aus seinen künftigen Compliance-Aktivitäten ausspart.

Impfgegner gibt es solange wie Impfungen.

Ein kurzer Blick auf Geschichte und Gegenwart der Impfgegner lohnt durchaus. Da sie in der Ärzteschaft kaum (noch) vorkommen, neigt man dazu, ihre Aktivitäten zu übersehen. Im Laiensystem, in der Heilpraktikerschaft und in der Regenbogenpresse spielen sie aber eine nicht zu unterschätzende Rolle.

Impfgegnerschaft gibt es in Europa ebensolange wie Impfungen. Die Technik der Pocken-Inokulation, die um 1720 von der Türkei nach England gelangte, wurde bereits 1722 vom anglikanischen Klerus heftig befehdet: Nicht etwa, weil sie gefährlich war, sondern weil sie einen Eingriff in die göttliche Ordnung darstellte.

Auch heute ist die Diskussion stark weltanschaulich eingefärbt und von daher relativ immun gegen vernunftbetonte Argumente. Zentral ist ein ideologischer »Naturismus« à la »Vollwertkost schützt vor Kinderlähmung...« (Sandler 1986). Daneben kommen Versatzstücke aus der gesundheitspolitischen Diskussion der späten Siebziger Jahre vor: Z.B. Ivan Illichs »Enteignung der Gesundheit« oder ein halb verstandener Thomas McKeown im Sinne fehlender »Bedeutung der Medizin« für die Gesundheit. Schließlich mutet es angesichts der Honorierung von Impfungen grotesk an, wenn auch in jüngster Zeit die Motivation der Ärzte als pekuniär denunziert wird: »Mit Impfungen ist viel Geld zu verdienen.« (Finck 1990)

Nach eigenen Beobachtungen kommt der Natürlichkeits-Kult in kuriosesten Mischungen mit ungesunden Lebensgewohnheiten vor, so z.B. mit Kettenrauchen oder Benzodiazepin-Konsum. Innere Widersprüchlichkeit ist aber nach dem Datenmaterial des Social Change Research (G) mehr als eine Mode, eher schon eine Art weltweiter Leittrend: Die Grenzlinie zwischen Konformismus und Nonkonformismus geht nicht mehr durch die Gesellschaft, sondern durch die Individuen (Wyss 1986).

Das impfmüde Öko-Syndrom ist kein Grund zur Resignation.

Dem psychologisch geschickten Vorgehen bieten sich hier Chancen: In ein Agglomerat inkonsistenter Haltungen läßt sich relativ leichter eindringen, da es einen konsequent durchgehaltenen Grundnenner nicht gibt. So kann man z.B. fragen: »Fühlen Sie sich ausreichend durch Impfungen geschützt?« Das aktiviert im Patienten eine **innere** Auseinandersetzung, der er wesentlich weniger entgegenzuhalten hat als einer **äußeren** Anweisung. Die Wirkung des rationalen Arguments hingegen sollte man nicht überschätzen. Es kann sogar die gegenteilige Wirkung haben, im Patienten Widerstand zu mobilisieren.

Mit einem Strategie-Repertoire, wie es weiter unten tabelliert ist, läßt sich der weitaus größte Teil der Impf-Skeptiker umstimmen. Das gilt für Erwachsenen-Impfungen ebenso wie für den Umgang mit verunsicherten Müttern.

Auch die Arzt-Compliance lässt Wünsche offen.

Nach dem bisher Gesagten könnte man meinen, Patienten wären für ihre Impflücken ausschließlich selbst verantwortlich. Das würde aber nicht nur der Wahrheit widersprechen. Es würde uns auch von heilsamem selbstkritischem Umdenken abhalten. Denn zweifelsfrei gibt es auch auf ärztlicher Seite Compliance-Hürden. Gedacht ist insbesondere an eine ganze Reihe bürokratischer Hemmschuhe: Zu nennen ist die regional unterschiedliche, oft unnötig komplizierte Regelung der Impfstoffbeschaffung; dann die zeitraubende Prozedur, eine größere Zahl zerfledderter Impfausweise in eine geordnete Chronologie zu bringen (falls sie der Patient überhaupt aufgehoben hat!). Schließlich die realitätsfremden Vorstellungen, die es in der Rechtsprechung über die Aufklärungspflicht gibt (Ehlers 1988). Jede einzelne dieser Hürden ist überwindbar. In ihrer Gesamtheit machen sie aber geneigt, das Problem durch Verdrängung aus der Welt zu schaffen.

»Konzertierte Aktion« gegen Impfmüdigkeit

Wie man sieht, sind die änderungswürdigen Impflücken eine echte Gemeinschaftsleistung von Arzt und Patient. Ebenso einträchtig sollte man ihre Auffüllung in Angriff nehmen! Dazu empfiehlt sich eine »Konzertierte Aktion« gegen Impfmüdigkeit. Sie sollte als »Selbstläufer« konzipiert werden, damit sie nicht nach anfänglichem

Optimismus ebenso einschläft wie viele andere lobenswerte Initiativen auch. Der Aufwand eines solchen Aktionsprogramms lohnt in verschiedener Hinsicht:

– Der medizinische Nutzen ist evident.
– Das Informationssystem spiegelt die vorausschauende Fürsorge der Praxis und festigt die Patientenbindung.
– Der Arzthelferin öffnet sich ein neuer Verantwortungsbereich, der ihr Arbeitsfeld deutlich aufwertet.
– Gemessen am Beratungsaufwand ist das Impfhonorar bescheiden, aber dafür ungedeckelt.
– Ist das System erst etabliert, erleichtert es die Arbeit durch Transparenz.

IMPF-COMPLIANCE

Eigenes Problembewußtsein schärfen: Die langjährig restriktive Haltung der Krankenkassen hatte Impfungen bei vielen Kassenärzten an den Rand des Blickfelds gerückt, als »Privatvergnügen« auf der einen, als Aufgabe des öffentlichen Gesundheitswesens auf der anderen Seite. Umdenken ist überfällig!

Defensives Denken abbauen! Der Zeitgeist ist impfmüde. Die Rechtsprechung sekundiert ihm mit wirklichkeitsfremden Vorstellungen über Aufklärung. Ärztlichen Weitblick sollte das nicht trüben.

Patienten motivieren: Fragen locken aus der Reserve und aktivieren deshalb. Behauptungen oder Aufforderungen hingegen wecken eher Widerstand. Also nicht: »Ihr Impfschutz ist völlig unzureichend.« Sondern zum Beispiel: »Haben Sie den Eindruck, ausreichend durch Impfungen geschützt zu sein?«

Widerstand in Argumentation einbauen: Z.B.: »Ich teile Ihre Wertschätzung für naturgemäße Medizin. Denken Sie nicht auch, daß Vorbeugen natürlicher ist als Heilen?« Oder: »Impfen ist eine Art Abhärtung des Immunsystems, und Abhärtung ist doch etwas Natürliches. In unserer unnatürlich hygienischen Welt gibt es dafür sonst zuwenig Gelegenheit.«

IMPF-COMPLIANCE

Bedenkzeit verordnen: Wenn sich deutlicherer Widerstand abzeichnet, läßt sich das Einräumen von Bedenkzeit paradox akzentuieren: »Ich möchte nicht, daß Sie sich schon heute entschließen. Auch die richtige Entscheidung sollte man nicht übereilt treffen. Ich mache mir einen Vermerk in der Kartei, daß ich Sie das nächste Mal erneut auf das Problem anspreche.«

Beratungen zur Reisemedizin nutzen! Ganz allgemein ist Compliance meßbar besser, wenn ein Arzt-Patienten-Kontakt auf Initiative des Patienten zustande kommt. Diese Ausgangssituation liegt beim impfwilligen Touristen vor. Man sollte sie zum Aufbau eines kompletten Impfschutzes nutzen, auf jeden Fall zur Schließung von Impflücken gegen Diphtherie, Polio und Tetanus. Bei Informationsmangel über Tourismusmedizin hilft prägnant und aktuell:
REISEN UND GESUNDHEIT.
Impfbestimmungen und Gesundheitsratschläge.
Verlag Deutsches Grünes Kreuz.

Delegieren: Die Impfanamnese als sehr zeitraubendes Element ist delegierbar, ebenso die Vorplanung notwendiger Maßnahmen. Die nötige Schulung der Arzthelferinnen kann praxisintern im Rahmen von Arbeitskonferenzen geleistet werden.

IMPF-COMPLIANCE

Mitarbeiter motivieren: Ein durchorganisiertes Impfsystem bedeutet Mehrarbeit für das Vorzimmer. Zwar in Form interessanter, verantwortungsvoller Aufgaben, aber eben doch Arbeit. Manche Kollegen berücksichtigen deshalb das Volumen der Impf- und No-Show-Kartei (s.u.) bei der Bemessung von Leistungsprämien. Schließlich ist diese Aktivität ja nicht nur medizinisch sinnvoll. Sie aktiviert auch »Kartei-Leichen«.

IMPF-COMPLIANCE

Impf-Status-Quo: Es empfiehlt sich, im Laufe der Zeit mit allen kooperationsbereiten Patienten eine Bestandsaufnahme zu machen. Diverse Impfzeugnisse mit Karteieinträgen und Erinnerungsfragmenten zusammen in eine Chronologie zu bringen, ist zugegebenermaßen eine Geduldprobe. Der Aufwand macht sich aber bezahlt durch Transparenz und Arbeitsersparnis im Wiederholungsfall.

Impfkartei: Nach dem Vorbild der No-Show Kartei lassen sich zukünftige Impftermine unter Kontrolle halten. Bei Nicht-Erscheinen wird erinnert. Es empfiehlt sich die schriftliche Bestätigung des Patienten, daß er den Erinnerungs-Service wünscht.

Impfothek[R]: Unter diesem Namen bieten die Behring-Werke ein praxisgerechtes Hilfsmittel an, das die beiden oben beschriebenen Funktionen vereinfacht. Es wurde an alle Eventualitäten gedacht. Die Kartei läßt sich parallel zur Überwachung anderer Compliance-Probleme nutzen, durch Verwendung einfacher DIN A 6-Karteikarten.

Präzise Einhaltung von Terminen: Die Frustrationstoleranz des beschwerdefreien Patienten, der nur zum Impftermin kommt, ist einfühlbarerweise gering. Wer Compliance will, nimmt darauf klugerweise Rücksicht.

DIVERSES: Vom Asthma bis zum Wanderschmerz.

Wahrscheinlich gibt es kaum eine Erkrankung, in deren Zusammenhang Compliance-Probleme **nicht** vorkommen. Die sieben vorangehenden Kapitel widmen sich den wichtigsten Beispielen von Krankheit oder Risikoverhalten, in denen Intervention sinnvoll und erfolgversprechend ist. Vieles davon lässt sich im Analogieschluß auf andere Situationen übertragen. Einige Probleme aus verstreuten Bereichen kommen aber doch so regelmäßig vor, daß ihnen hier eine Art von Zettelkasten-Kapitel gewidmet werden soll.

Asthma bronchiale

In einer britischen Untersuchung wurden bei verstorbenen Asthmatikern retrospektiv in 61% Medikations- und in 54% Kooperationsmängel festgestellt. 86% hätten die letale Attacke unter optimalen Bedingungen überleben können (Berger et al. 1988).

Auf einen einfachen Nenner gebracht, werden Basistherapeutika unter- und Anfallsmedikamente überdosiert. Zum Teil dürfte eine schlechte Wahrnehmung mittlerer Grade von Atemnot eine Rolle spielen. Hier ist es hilfreich, einen Peak-flow-Meter zu verleihen oder seinen Erwerb zu empfehlen (Cegla 1990). Bei regelmäßiger protokollierter Selbstbeobachtung registriert der Patient durch Feedback die vorher ausgeblendete Wirkung der Basistherapie. Bessere Mitwirkung pflegt dann der Einsicht auf dem Fuß zu folgen.

Während die mißbräuchliche Überdosierung von Corticosteroiden seltener zu werden scheint, kommt es am anderen Extrem recht häufig zu Problemen: In Form von Vorbehalten, die Laienkreise gegenüber Corticoiden hegen. Den Autoren hat es sich bewährt, das Thema bei der Erstverordnung frontal anzugehen: »Wir werden für Ihre Behandlung in Zukunft ein Cortison-artiges Mittel benötigen. Ich weiß, daß sich viele Patienten Sorgen machen, Cortison könnte Ihnen schaden. Wie schaut das bei Ihnen aus?!«

Ein weiterer Ansatzpunkt zur Complianceförderung ist die Verbesserung der häufig katastrophalen Inhalationstechnik. Die fehlende oder fehlerhafte Anwendung von Inhalationsrohren ist dabei nur die Spitze des Eisbergs. Der Hersteller einer breiten Palette von Atemwegstherapeutika bietet für diesen Zweck Inhalationsschulen mit Einmalmundstücken etc. an. Es handelt sich bei der Vermittlung der richtigen Technik um eine echte Geduldprobe. Sie wird von Arzthelferinnen meist besser bestanden als vom Arzt.

Bakterielle Infekte

Bei der Antibiotika-Therapie denken mündige Verbraucher gerne mit. Die Regenbogenpresse sekundiert mit Argumenten. Patienten möchten z.B. verhindern, daß sie selbst gegen Penicillin resistent werden. So lautet jedenfalls eine ebenso absurde wie verbreitete Befürchtung. Dafür werden zum Teil heroische Krankheitsverläufe in Kauf genommen.

Jeder Allgemeinarzt kennt die mehrfach rezidivierenden Tonsillitiden nach jeweils drei Tagen Therapiedauer. Manch dringender Hausbesuch würde nicht nötig, wenn die Asthma-Patientin mit bakterieller Exazerbation den Beipackzettel des Antibiotikums ungelesen ließe.

Das »Mitdenken« ist so verbreitet, daß man bei wichtigen Indikationen schon vorab ansprechen sollte, welche Vorbehalte der Patient gegen Antibiotika hat. Auch die Nebenwirkungen sollten offen auf den Tisch. Der Packungsprospekt wird eh gelesen. Nach dem ärztlichen Plädoyer **für** die Einnahme kann man noch rückfragen, ob der Patient jetzt vom Sinn der Übung überzeugt ist. Ein »Ja« ist noch keine Garantie für den Erfolg, aber mehr kann man wohl nicht tun.

Bei der Auswahl des Antibiotikums ist zu bedenken: **Compliance sinkt mit steigender Frequenz der Einnahme.** Bei der Auswertung einer größeren Zahl von Studien ergaben sich die folgenden Compliance-Raten:

73% bei **Einmaldosierung,** immerhin noch 70% bei zweimal täglich, Abfall auf **52%** bei **3x1** und 42% bei 4x1 (Greenberg 1984). Die Treffsicherheit eines unter mikrobiologischen Gesichtspunkten optimal gewählten Wirkstoffs kann durch solche menschlich, allzu menschlichen Effekte empfindlich geschmälert werden.

Diagnostische Non-Compliance

Mangelhafte Mitarbeit beim diagnostischen Procedere geht meist einher mit Bagatellisieren der Beschwerden oder mit Dissimulation. Die Verleugnung oder Verdrängung des Patienten ist gelegentlich so virtuos, daß sie auch dem Arzt zur diagnostischen Fallgrube wird.

Der viel exakter bekannte und beschriebene Simulant will sich vor den Vorzügen der Gesundheit drücken, der Dissimulant hingegen vor den Nachteilen der Krankheit. In der Regel überwiegen unbewußte Motive, vor allem ein reichliches Quantum Angst. Je nach Verfahren kann sich die Angst mehr auf die Untersuchung selbst beziehen, z.B. bei der Gastroskopie. Es kann aber auch um das befürchtete Resultat gehen, wie zuweilen bei Überweisungen zum CT zu beobachten ist. Es macht deshalb wenig Sinn, als Arzt zusätzliche Angst zu erzeugen, indem man die Folgen der Unterlassung als Teufel an die Wand malt. Am ehesten würde das dazu führen, daß der Patient für einige Zeit einen Bogen um die Praxis macht.

Günstiger ist es, mit den Ängsten verständnisvoll umzugehen. Das verbessert den Kontakt zum Patienten und führt zu einer breiteren Ausgangsbasis. Von dort aus wird es in der Regel gelingen, den Furchtsamen zu guter Letzt doch noch zum Notwendigen zu bewegen. Ein Formular, in dem die Ablehnung gegen ärztlichen Rat unterschrieben wird, sollte hingegen nur als ultima ratio zur Anwendung kommen.

Epilepsie

Bei antiepileptischer Behandlung findet sich eine relativ hohe Compliance-Rate um 75%. Das war nicht immer so. Zu der positiven Entwicklung dürften sowohl die routinemäßigen Serumspiegel-Untersuchungen beigetragen haben als auch die bessere Verträglichkeit der modernen Kombinationstherapien. Compliance ist eben auch eine »Abstimmung mit dem Mund« (Urquhart 1990) über die Qualität einer Behandlung.

Kommt es dennoch unter antikonvulsiver Therapie bei therapeutischen Pharmakaspiegeln zu Anfällen, so ist Non-Compliance relativ wahrscheinlich: In einer amerikanischen MEMS^R(G)-gestützten Studie waren 11 von 19 beobachteten Anfällen Folge eines »drug holiday« **(G)** (Cramer 1988).

Häufige Anfälle bei hartnäckiger Non-Compliance sind Ausdruck einer hochpathologischen Psycho- und

Familiendynamik. Die gängigen Motivations-Strategien bleiben hier fruchtlos. Es empfiehlt sich die Überweisung zum Psychosomatiker oder Psychotherapeuten.

HOPS

Daß nur die einfachste Medikation eine Chance hat, erinnert zu werden, ist eigentlich selbstverständlich. Ähnlich wie beim Wanderschmerz beschrieben ist das aber bei klagsamen HOPS-Patienten gar nicht so einfach: Sie stimulieren den Arzt ständig zum Ausdenken neuer Behandlungsideen.

Jedes nicht lebensnotwendige Medikament verringert aber die Chance, daß die wichtigen eingenommen werden. Hilfreich ist hier neben injizierbaren Depot-Neuroleptika ein Repertoire mehr oder weniger effektiver ut-aliquid-fiat-Prozeduren. Sie kommen dem Wunsch nach Behandlung entgegen, ohne die Basisbehandlung durcheinanderzubringen. So gibt es kaum ein Wehwehchen, das sich nicht quaddeln ließe. Der Arzt kann aber auch Tees, Wickel, Bäder oder Salben verordnen.

Zur Absicherung der notwendigen Behandlung bewähren sich Wochendosierspender wie der DOSETT^R- falls sie nicht verräumt werden. Die meisten Patienten sind manuell und mental in der Lage, die Einzeldosen zu entnehmen. Das wöchentliche Auffüllen sollte eine Bezugsperson vornehmen.

Hyperlipidämie

Haben KHK oder AVK bereits zu deutlicher Symptomatik geführt, so pflegen die Patienten recht kooperativ zu sein. Bei rein präventiver Indikation ist es ungleich schwieriger, Mitarbeit in Gang zu setzen. Das Risiko ist wohl zu abstrakt und zu weit in der Zukunft gelegen, um Handlungen auszulösen.

Auch ist der Umgang mit Zahlen nicht jedermanns Sache. In vielen Fällen können Visualisierungen dabei helfen, die Normabweichungen handgreiflich vorstellbar zu machen. Zu diesem Zweck gibt es zweidimensionale Schemata für Cholesterin und Triglyceride, in denen z.B. die Risikostufen von idealem Grün bis zum riskanten Dunkelrot abgestuft sind. (Zu beziehen über Mitarbeiter der Pharma-Industrie) Der Patient kann den Behandlungsverlauf graphisch nachvollziehen.

Wegen des nächtlichen Maximums der endogenen Cholesterin-Synthese sollen HMG-CoA-Reduktase-Hemmer abends eingenommen werden. Kommt es beim Einsatz dieser Stoffgruppe zu mangelhafter Wirkung, so ist auch an die Möglichkeit eines falschen Einnahmezeitpunkts zu denken. Trotz ausführlicher Aufklärung wurden in einer MEMS^R(G)-gestützten Studie 40% der Tabletten vor 17 Uhr eingenommen (Kruse 1988).

Eine letzte Anmerkung noch zu diätetischer Non-Compliance: Wenn sich ein erhebliches Übergewicht über längere Zeit nicht ändert, wird jede Lipid-Therapie zur Farce. Die Termine zu weiteren Laborkontrollen kann man dann an das Erreichen vorgegebener Abnahmeziele koppeln.

Wanderschmerz

Eine spezielle Patientengruppe pflegt pro Konsultation eine nach oben offene Zahl multipler Symptome zu beklagen. Nicht selten werden eine oder mehrere der dadurch ausgelösten Medikationen durch ihre Nebenwirkungen zum Anlaß des nächsten Besuchs - eine Schraube ohne Ende.

Obwohl der Arzt das Spiel durchschaut, erfüllt er oft zumindest einige der suggestiven Wünsche des Patienten nach Medizin - und sei es nur, um den Symptom-Marathon zu beenden. Vielleicht hilft es ihm beim »Nein«-Sagen, wenn er sich der Tatsache erinnert, daß **die Compliance mit der Zahl der geklagten Beschwerden sinkt** (Haynes et al. 1986).

»Irgendwas müssen Sie mir aber doch gegen die Beschwerden geben!«, wird der Patient kontern. Eine von zahllosen Möglichkeiten wäre die folgende Entgegnung: »Mein alter Chefarzt hat immer gesagt: 'Ändern Sie bei der Behandlung zu **einem** Zeitpunkt nie mehr als **ein** Medikament! Sonst ist das Chaos vorprogrammiert.' Mit dieser Regel bin ich nun schon ... Jahre gut gefahren.« Kaum einer der Klagsamen wird dem alten Chefarzt widersprechen wollen.

ETHISCHE UND JURISTISCHE ASPEKTE

Schon aus der Definition ergibt sich: Compliance ist kommunikatives Verhalten. Sie ereignet sich nicht **im Patienten**, sondern **zwischen Arzt und Patient**. Das führt unmittelbar zur ersten Frage:

Trägt der Arzt Verantwortung für die Non-Compliance seiner Patienten?

Seit Hippokrates' Tagen pflegt es den Ärzten angelastet zu werden, wenn ein Non-Complier zu Schaden kommt. Und auch uns selbst mag ein ungutes Gefühl anfliegen, wenn zum Beispiel einen unkooperativen Hypertoniker der Schlagfluß ereilt. Die Frage nach unserer Verantwortung ist also vielleicht nicht so fernliegend, wie es auf den ersten Blick scheinen mag. Die Antwort variiert mit dem Wissenschafts- und Berufsbild, das ihr jeweils zugrunde liegt:

So kann man den ärztlichen Beruf überwiegend als **angewandte Naturwissenschaft** verstehen. Zur Kommunikationssphäre von Arzt und Patient gehören dann: Der Körper des Patienten, die Untersuchungsinstrumente, einschließlich der fünf Sinne des Arztes und **beider bewußte Rationalität**. Wer innerhalb dieser Konzeption korrekte Diagnosen stellt und dem Patienten die daraus abgeleiteten Verordnungen mitteilt, hat seine Schuldigkeit getan. Solange ein Patient im juristischen Sinn zurechnungsfähig ist, gehört hier die Befolgung oder Nicht-Befolgung in seine Willenssphäre, also zum Bereich der Patienten-Ethik.

Von einem wissenschafts-ästhetischen Standpunkt aus ist diese Position klar und übersichtlich. Doch leider paßt sie schlecht zur Realität. Non-Compliance-Raten von 50% legen nahe, daß dem Ansatz ein Denkfehler zugrundeliegt. Er resultiert wohl aus einer Verkürzung des Menschenbildes, welches die Gefühlssphäre, und hier speziell bewußte und unbewußte Widerstände, ausspart.

Es gibt also gute, darunter ganz pragmatische Gründe für ein **breiter angelegtes Paradigma.** Der hier entwickelte Gedanke ist ungefähr so alt wie unser Jahrhundert, und folglich gibt es bereits eine ganze Reihe von Strömungen, die ihn praktisch umgesetzt haben. Um nur drei zu nennen: Die Psychosomatik, die anthropologische Medizin und, relativ jung in unserem Sprachraum, die Verhaltensmedizin. In all diesen Konzeptionen gehört der Umgang mit Widerständen in den ärztlichen Zuständigkeitsbereich. Damit gilt dann aber auch für den Arzt der Berufsstandard des professionellen Kommunikators: Daß er nicht an dem gemessen wird, was er beabsichtigt; sondern an dem, was er bewirkt. Oder, um Watzlawick zu paraphrasieren: Bei dieser Sichtweise gibt es keine schwierigen Patienten, es gibt nur mehr oder weniger fähige Ärzte. Vielen Kollegen dürfte der eine wie der andere Standpunkt zu einseitig sein, und sicher muß man sich beim zweiten Modell vor maßlosen Selbstansprüchen hüten.

Die juristische Sichtweise ist in der Mitte angesiedelt: Ausgangspunkt ist mit dem »mündigen« Patienten die eingangs beschriebene rationale Position. In Analogie zum Verbraucherrecht wird dann aber die Mündigkeit relativiert durch den »Empfängerhorizont«, den der Arzt zu berücksichtigen hat. Es wird hier also als Pflicht des Arztes gesehen, daß er sich verständlich macht. Ob der Patient die Anordnungen, die er verstanden hat, dann auch befolgt, gehört in dessen Verantwortung.

Nach der Erörterung der Pflichten nun die der Rechte:

Wie weit dürfen Methoden zur Verbesserung der Compliance gehen?

Zunächst ein Beispiel, das von Kooperation beim diagnostischen Procedere handelt: Ein »psychasthenischer« Patient kommt wegen unklarer neurologischer Symptomatik. Durch ein CCT ist der Verdacht auf einen Hirntumor nicht sicher zu entkräften. Nun geht es darum, den schwierigen Patienten zu überzeugen, daß eine Verlegung in die Universitätsklinik erforderlich ist. Der Arzt informiert ihn also von einer »Veränderung im Hirnbereich«. Der Patient ist schockiert. Seine alarmierte Frage, ob es ein Hirntumor sei, versucht der Arzt relativierend zu beschwichtigen. Bei der klinischen

Abklärung wird der Verdacht **nicht** bestätigt. Der Patient gibt nun an, seit Mitteilung der »Veränderung im Hirnbereich« an rechtsseitiger Lähmung und Sprachstörung zu leiden, und verklagt den Arzt auf Schmerzensgeld. Das OLG Köln betont in seiner Urteilsbegründung neben der Aufklärungspflicht die Pflicht des Arztes, den Patienten nicht in unnötige Ängste zu versetzen. Dem Patienten wird ein Schmerzensgeld von 2000 DM zugesprochen (Waibl et al. 1989). Wahrscheinlich muß man Jurist sein, um zu verstehen, wo der schmale Grat zwischen Aufklärung und pflichtwidriger Ängstigung verläuft.

Eine erste Grenze ist damit markiert: Cave Drastik! Eine weitere hingegen verläuft am Gegenpol im Bereich unmerklicher Beeinflussung, zum Beispiel durch suggestive Methoden oder durch Paradoxie. Als Illustration mag die Knoblauch-Selbstmedikation (Ein typischer Fall...) dienen. Versuche, den Patienten von der Notwendigkeit einer regelmäßigen Medikamenteneinnahme zu überzeugen, waren wiederholt gescheitert. Unter der Zielvorstellung, der Patient möge dadurch seine Laientherapie ad absurdum führen, war ihm jetzt geraten worden: »Steigern Sie die Menge der Knoblauch-Tabletten so lange, bis Sie normale Blutdruckwerte messen!« Nehmen wir an, der Patient geriete während dieses paradoxen Manövers mangels Therapie in eine hypertone Krise. Der Arzt könnte sich hier mitschuldig fühlen. Möglicherweise selbst dann, wenn es so gut wie sicher wäre, daß der Patient wirksame Mittel auch bei anderem Vorgehen nicht genommen hätte. Auch Juristen würden dem Arzt vorwerfen, daß er wider besseres Wissen zu einer unwirksamen Therapie geraten habe. Daß er auf der Meta-Ebene eine Verbesserung der Compliance bewirken wollte, würde in einem Rechtsstreit kaum als kunstgerechtes Vorgehen gewertet werden.

Der konstruierte Fall soll nicht generell gegen Strategien sprechen, die die bewußte Kontrolle des Gegenübers umgehen. Überhaupt ist ja ein Werkzeug in der Regel nicht als solches unmoralisch, sondern durch die Art seiner Anwendung. Oder, anders herum ausgedrückt: Ein Verzicht auf geschärfte Instrumente, ein Kasten voll stumpfer Werkzeuge macht noch keinen moralischen Handwerker! Das Beispiel sollte aber nachdenklich machen. Paradoxie mag spielerisch wirken. Sie ist keine Spielerei, sondern ein hochwirksames Veränderungsinstrument mit entsprechendem Risiko unerwünschter Nebenwirkungen.

Bei suggestiven Strategien liegt das moralische Problem etwas tiefer. Hier ist es das Ideal der freien Selbstbestimmung, das man tangiert sehen kann. Es gilt auch hier, daß man sie nicht als »l'art pour l'art« einsetzen sollte, sondern nur mit klarer Indikation. Aus juristischer Sicht ist Suggestion solange kein Problem, wie sie nicht den »freien Willen« ausschließt.

Eine dritte Grenze wird Compliance-Aktivitäten durch eine standesrechtliche Norm gesetzt: Gemeint ist der fließende Übergangsbereich vom vereinbarten Erinnerungs-Service zur unzulässigen Praxis-Werbung. Das Thema befindet sich im Fluß. Außerdem existieren deutliche regionale Unterschiede in der Bewertung. Maßgeblich ist bis auf weiteres die jeweilige Kammermeinung.

Wie man sieht, sind es also nicht nur menschliche Schwächen, die vollständiger Compliance entgegenstehen, sondern auch bedeutsame Werte und Rechtsgüter. Wer dennoch von sich und/oder seinen Patienten 100% Compliance fordert, gibt sich nicht nur Illusionen hin. Er dürfte insbesondere Wert und Freuden des freien Willens unterschätzen. Zum Wesen der Freiheit gehört es nun einmal, daß sie auch die falsche Entscheidung ermöglicht.

Es gibt eine dritte wichtige Frage zum Themenkomplex: Ethik und Compliance. Man stellt sie sich öfter einmal; meist dann, wenn man sich gerade von einem »mündigen Verbraucher« mißbraucht fühlt:

Welche Freiheitsspielräume hat der Arzt im Umgang mit chronisch therapieresistenten Non-Compliern?

Extreme Non-Complier machen ihrem Doktor wenig Probleme: Sie lassen sich kaum dort sehen. Um aus ärztlicher Sicht als hartnäckiger Non-Complier eingestuft zu werden, muß man schon relativ compliant sein: Indem man nämlich seinen Arzt von Zeit zu Zeit aufsucht. Es ist also nicht reine Abwehr, sondern Ambivalenz, die das Verhalten des unfolgsamen Dauerpatienten prägt, eine Mischung aus Anhänglichkeit und Eigensinn.

Mag das auch durchaus verständlich sein, für den Arzt ist es auf Dauer ziemlich frustrierend. Je nach Ausmaß des Patienten-Risikos wird zusätzlich das ärztliche Verantwortungsgefühl belastet. Welche Möglichkeiten bleiben einem hier, wenn man bereits alle Register der Patienten-Motivation gezogen hat?

Eine Grundentscheidung ist zunächst, ob man sich trennen will oder nicht. Für Trennung spricht ein belastetes oder gar vergiftetes Verhältnis, ein unbeeinflußbar hohes Risiko, die Vermutung, daß Schwierigkeiten durch eigene Persönlichkeitsmerkmale begünstigt oder unterhalten werden. Gegen Trennung können Standortbedingungen sprechen, zum Beispiel der selten werdende Einzelarztsitz; ferner ein eher positives Verhältnis, von dem der Patient trotz Non-Compliance zu profitieren scheint; oder ein leichteres bis mittleres Risiko, mit dem sich zur Not leben lässt.

Entschließt man sich zur Weiterbetreuung, so kann man innerlich aus der aktiven Behandlungs-Haltung in eine Begleitung des Patienten wechseln. Es empfiehlt sich, diese Veränderung unmißverständlich mitzuteilen und zu dokumentieren. Scheint aber Trennung angebracht, so bleibt die Frage nach der Art und Weise. Der große Auftritt, der in den Rauswurf mündet, wäre zuweilen eine willkommene Affektabfuhr; er ist aber fast immer kontraindiziert. Aus juristischer Sicht darf eine abrupte Trennung keinesfalls »zur Unzeit« erfolgen. Die Unzeit wiederum wäre ein Zeitpunkt, zu dem der Patient Hilfe braucht und anderweitig nicht erreichen kann. In fast allen Fällen sind einvernehmliche Lösungen für alle Beteiligten günstiger. Eine freundlich vorgetragene Kapitulationserklärung erfüllt in der Regel den gewünschten Zweck, ohne böses Blut zu machen.

Einige abschließende Gedanken sollen der **PATIENTENETHIK** gewidmet werden. Ansatzweise kann man sie in der »Krankenrolle« Talcott Parsons' formuliert sehen. Erwähnt ist dort »die Verpflichtung, mit dem Arzt zusammenzuwirken«, der »Wille zur Genesung« etc. (Parsons 1951). Die Pflichten haben hier jedoch keinen primär moralischen Sinn. Sie sind vielmehr wertfrei soziologisch als Anpassungserfordernis dargestellt: Wer nicht den Pflichtenteil des Rollenbündels übernimmt, kommt üblicherweise auch nicht in den Genuß der Rechte.

Das läßt sich verallgemeinern: Eine absolute »Gesundheitspflicht« gibt es nicht, oder höchstens in Rudimenten, wie etwa bei der gesellschaftlichen Minderbewertung der Fettleibigkeit. Meist geht es stattdessen um ein

Tauschgeschäft: Wohlverhalten gegen medizinische Fürsorge. Auch bei den Non-Compliern irritieren uns ja diejenigen am stärksten, die gegen die Tauschregeln verstoßen: Indem sie zum Beispiel an unserer Behandlung herumnörgeln, obgleich sie sie nicht befolgen.

Andere Patienten entscheiden sich aber fundiert für gewisse Risiken nach der Devise: Lebensart statt Lebensjahre. Sie tun das auf eigene Rechnung und Gefahr, behelligen ihren Arzt nicht mit Raucherhusten, Fettleber etc. Im Einzelfall ist das als Ausfluß des freien Willens ebenso zu respektieren, wie man es ja auch bei gefährlichen Sportarten tut. Solange jedenfalls, wie auf Vorteile aus der selbstverursachten Krankenrolle verzichtet wird. Der Respekt vor gesundheitswidrigem Einsatz von Freiheit mag einem als Arzt leichter fallen, wenn man gelegentlich an den eigenen Umgang mit gesundheitlichen Risiken denkt.

EPILOG: LOB DER NON-COMPLIANCE

Eine geläufige Alltagserfahrung erscheint in diesem Buch wiederholt in sozialpsychologischer Aufbereitung: Vorschriften, die bisheriges Verhaltens-Repertoire einengen, erzeugen Widerstand, im Jargon: Reaktanz **(G)**. Da macht es keinen Unterschied, ob Ziel, vielleicht auch Opfer, der Freiheitsbeschneidung Patienten sind oder Ärzte.

Solange man Ärzte **als** Patienten beobachtet, ist es seit langem bekannt: In ihrer Unfolgsamkeit stehen sie ihren Patienten in nichts nach; egal, ob es um korrekte Medikamenteneinnahme geht, oder um den Verzicht auf Zigaretten, oder um welche andere gesunde Verhaltensweise auch immer, die ihnen ein behandelnder Kollege empfiehlt.

Von der Absicht dieses Buches her erscheint aber ein anderer Verhaltenssektor interessanter:

Wie compliant verhalten sich Ärzte zu compliance-fördernden Empfehlungen, die ihnen von wohlmeinenden Kollegen nahegelegt werden?

Optimistische Illusionen liegen den Autoren fern. Einige der Hürden, die die Theorie von der Praxis trennen, baut das Buch schließlich selbst in den Weg:

Die Vorschläge
- überladen das Gedächtnis, (»Wo anfangen, wo aufhören?«),
- vernachlässigen die Arzt-Welt zugunsten des Laienkonzepts,
- verlangen erheblichen Aufwand an Zeit und Energie, (»Für Berufsanfänger mag das gerade noch angehen...«),
- sind mit »Psychologen-Chinesisch« überfrachtet, (»Da hätte man ja gleich Psychologe werden können...«),
- sind zum Teil vage und ignorieren die ganz speziellen Probleme Ihres außergewöhnlichen Patientenstammes, (»Alles schon ausprobiert!«), und
- beschreiben eine brotlose Kunst, (»Da müßte man schon jedes Mal eine Nr.10 abrechnen können!«).

Nun scheint es zu einem guten Teil am Thema selbst zu liegen, daß man zu seiner Bewältigung zwischen Skylla und Charybdis hindurchsegeln muß. Die freie Wahl beschränkt sich darauf, ob man lieber an den Klippen unzulässiger Vereinfachung strandet oder an denen mangelnder Praxisnähe. Das Thema selbst also ist widerspenstig, und darin liegt einiges von seinem Reiz.

Vom Widerstand der potentiellen Anwender soll das nicht ablenken. Auch er verlangt Beachtung, und das möglichst aus einer nicht zu starren Perspektive. Gewöhnlich sieht man ihn nur als **Hindernis**. Und **das** ist ein Teil des Problems, gleichgültig ob es um eigensinnige

Patienten geht oder um Ärzte. Wahrscheinlich muß man die vitale Seite von Non-Compliance erst einmal schätzen lernen, ihre Züge von Freiheit und Autonomie. Vorher kann man kaum mit Erfolg daran gehen, das Gegenteil, Compliance, zu produzieren. (Ähnliches war an anderer Stelle gesagt worden über Lob des Tabaks und Nikotinverzicht.)

Nun ist es nicht jedermanns Sache, seinen Widerspruch in harmonisches Wohlgefallen aufgelöst zu bekommen. Manch einem mag es statt dessen leichter fallen, Vorschriften zu übertreten statt zu befolgen. Diesen - und **nur** diesen - Kollegen ist hier deshalb ein kleiner paradoxer Katalog gewidmet, ein

Katechismus zur Förderung von Non-Compliance:

1. Sich laienhafte Vorstellungen über Krankheiten anhören zu müssen, bedeutet dem seriösen Wissenschaftler physische Pein. Er sollte eine solche Zumutung entschieden zurückweisen!

2. Die Zeit des Arztes ist kostbar. Der regelmäßige Blick auf die Armbanduhr unterstreicht das wirkungsvoll.

3. Als Doktor der Medizin hat man 13.000 Fachvokabeln im Repertoire (Blackwell 1979). Warum mit diesem Wort-»Schatz« geizen?!

4. Caesar konnte gleichzeitig zuhören, lesen und schreiben.

Ähnliches steigert auch heute noch die Ausstrahlung von Kompetenz. Während der Patient redet, kann man z.B. in Karteikarten blättern und ab und zu eine Anweisung in die Sprechanlage rufen.

5. Ein Arzt handelt. Und diskutiert nicht. Patienten, die etwas gegen Ihre Vorschriften haben, sollen sehen, wo das hinführt - falls sie dann noch sehen können.

Man mag über die Denkschleifen dieses Epilogs denken, was man will. Ihre Legitimation: Sie drehen sich immer nur um das eine, um den Wunsch, daß möglichst viel von der vorgelegten Theorie den Weg in die Praxis finden möge. In diesem Sinne stellen wir ein bekanntes Wort Erich Kästners an den Schluß:

»Es gibt nichts Gutes,
außer man tut es!«

COMPLIANCE-TELEX

Dieses komprimierte »Telex« für den eiligen Leser präsentiert die wichtigsten Compliance-Regeln und Kunstgriffe in schlagwortartiger Verkürzung.

Praktischer Hinweis: Lesen Sie das Telex zunächst zügig durch! Markieren Sie in einem zweiten Durchgang alle Punkte, die Sie entweder sowieso schon praktizieren oder die Ihnen weniger zu Ihrem Praxisstil zu passen scheinen. Wiederholen Sie das Abwählen solange, bis etwa fünf Anregungen übrig bleiben, die Sie neu und vielversprechend finden. Schneiden Sie diese Stichworte aus oder fotokopieren Sie sie auf ein Blatt, das Sie an Ihren Arbeitsplätzen deponieren, z. B. unter der transparenten Schreibunterlage. Mit einem kleinen Satz Ihnen attraktiv erscheinender Regeln werden sich rasche Compliance-Zuwächse fast unvermeidlich einstellen!

COMPLIANCE-TELEX

EINFACHE ANWEISUNGEN: Je komplexer eine Verordnung, desto unwahrscheinlicher ihre Befolgung! Deshalb: Weniger ist meist mehr!

KLARHEIT: Präzise Anweisungen führen zu Handlung, vage zu Verwirrung. Statt: »Sie sollten sich vernünftiger ernähren!« z.B.: »Wir vereinbaren, daß Sie ab heute auf Ihr Frühstücksei verzichten!«

REDUNDANZ (G): Es ist wie in der Musik: Ein Thema haftet besser, wenn man als Zugabe drei kunstvolle Variationen beifügt.

RÜCKFRAGEN: So bekommt man ein Feedback seiner Verständlichkeit.

LAIENKONZEPT EINBEZIEHEN: Wer Attributionen **(G)** erfragt, kann seine Erklärungsmodelle maßschneidern.

PROFESSIONALITÄT: Sie äußert sich darin, daß sie nicht professionell wirkt, sondern persönlich und nahbar.

SCHRIFTLICHE INFOS über Krankheit und Behandlung können mündliche unterstützen, aber nicht ersetzen.

COMPLIANCE-TELEX

Eine gute **ARZT-PATIENT-BEZIEHUNG** mit allem, was dazu gehört: Verständnis, Empathie, Ermutigung, Optimismus etc., ist **notwendige**, aber **nicht hinreichende** Voraussetzung für gute Compliance.

COMPLIANCE-ANAMNESE: »Viele Menschen haben manchmal Schwierigkeiten, ihre Medikamente regelmäßig einzunehmen. Ist es **Ihnen** früher auch schon einmal so gegangen?« In etwa der Hälfte der Fälle führt diese simple Frage auf die Fährte eines potentiellen Non-Compliers. Zusätzliches Positivum: Die Gruppe, die frühere Sünden zugibt, ist auch am ehesten zur Verhaltensänderung zu motivieren.

LAIENSPRACHE ist schwer, aber wirkungsvoll. Der Arzt verfügt über 13.000 Fachvokabeln. Der Verzicht auf diesen Sprachschatz lohnt sich Wort für Wort.

ZEITPARADOX: Der Umweg über die Vorstellungswelt des Patienten erweist sich schon mittelfristig als der kürzeste Weg.

GEFÜHLE führen auf kürzerem Weg zu Handlungen als Gedanken. Es gilt, sie im Dialog wachzurufen. Beispiele hypothetischer Patienten in ähnlicher Lage können die Gefühlsseite zum Klingen bringen, aber auch

COMPLIANCE-TELEX

wohldosierte Äußerung eigener Gefühle: »Mir wäre es auch nicht angenehm..., aber...«.

Wichtige Ausnahme: **ANGST** ist in höherer Dosierung kontraproduktiv! Statt zu Aktivität führt sie zu Verdrängung. Mildere Formen von Angst hingegen können Compliance unterstützen. Das gilt besonders dann, wenn sie mit dem Sicherheitsgefühl verknüpft wird, zu dem die Behandlung berechtigt: »Früher, bevor die entsprechenden Medikamente entwickelt waren, war diese Krankheit...«

SPIELRAUM: Innerhalb der Grenzen des Notwendigen sollte der Patient die Möglichkeit haben, Details des Zielverhaltens mitzugestalten. Z.B. bei der Einmal-Medikation: »Zu welchem Zeitpunkt würde es Ihnen am leichtesten fallen, täglich an die Einnahme Ihrer Tablette zu denken?«

ROLLENTAUSCH: »Wenn Sie an meiner Stelle wären, und einen Patienten wie Sie selbst überzeugen wollten, wie würden Sie vorgehen?« Beim einigermaßen phantasiebegabten Patienten führt dieser Weg unmittelbar zu den Argumenten, auf die er anspricht.

COMPLIANCE-TELEX

ADVOCATUS DIABOLI: »Ich empfehle Ihnen zwar diese Diät, aber ich stelle es mir auch ziemlich schwierig vor, sie zu befolgen.« Milde Gegenargumente dieser Art können zu verschiedenen Resultaten führen: Entweder man lockt den Patienten in eine fruchtbare Diskussion über seine eigenen Bedenken. Oder er entkräftet sogar die ärztlichen Bedenken, und damit auch seine eigenen.

Den **NUTZEN SEINER MITARBEIT** im Dialog mit dem Patienten **konkret** herausarbeiten: »Wenn Sie Ihr Medikament regelmäßig einnehmen, werden Sie im Laufe der Zeit einen wirksamen Schutz gegen die Herzbeschwerden erwerben, unter denen Ihr Vater leidet.«

KLEINE SCHRITTE: Lieber 6 Erörterungen à 5 Minuten als eine halbstündige!

KLARE ZEITVORGABEN: »Wenn Sie mittun, werden Sie bis Ostern 5 Pfund abgenommen haben.«

INTERPRETATION DES BEIPACKZETTELS bei der Erstverordnung hyposensibilisiert Patienten gegen diesen BGA-Beitrag zur Non-Compliance.

NEBENWIRKUNGEN NICHT ÜBERBEWERTEN! Sie tragen nicht signifikant zur Non-Compliance bei

COMPLIANCE-TELEX

(Haynes 1979). Sofortiges Absetzen nach zumutbaren Nebenwirkungen wird von Patienten oft nicht als Fürsorge, sondern als Überreaktion und Zeichen von Unsicherheit erlebt. Eingebildete Nebenwirkungen verlieren sich mit der Zeit von selbst. Man kann sie sich sogar paradox im Sinne einer »Erstverschlimmerung« (G) nutzbar machen.

ERFOLGE POSITIV VERSTÄRKEN! Wirkungsvollster Compliance-Verstärker ist die »Droge Arzt«. Erfolge, auch Teilerfolge, sollte man primär als Resultat der Mitarbeit des Patienten deuten, und nicht als Verdienst von Arzt oder Behandlungsmethode. Neben dem erwünschten Verstärkungs-Effekt festigt man so das Gefühl des Patienten, Einfluß auf seine Gesundheit ausüben zu können. Siehe dazu auch Attribution (G) bzw. Kontrollüberzeugung (G).

MIßERFOLGE UMDEUTEN: Das gelingt fast immer, z.B. folgendermaßen: »Es ist in der Medizin nicht anders als im sonstigen Leben: Durch Rückschläge lernt man mehr als durch Glückstreffer. Wir wissen jetzt, daß das geplante Vorgehen ausgerechnet bei Ihnen nicht funktioniert. Das bringt uns einer brauchbaren Lösung näher, die genau auf Ihre individuelle Situation zugeschnitten ist.«

COMPLIANCE-TELEX

TADEL VERMEIDEN! Er mindert nicht das gerügte Verhalten, sondern die Bereitschaft, es einzugestehen.

Vertrauen ist gut, **KONTROLLE** besser. Zum Beispiel durch Zählen unverbrauchter Tabletten.

SCHRIFTLICHKEIT stärkt Verbindlichkeit. Zum Beispiel mit Verordnungsschema, Beratungsrezept, Terminkarte!

KONTRAKTE oder **ZIELVEREINBARUNGEN** sind wirksame Unterstützung für tiefergreifenden Verhaltenswechsel.

COMPLIANCE-TELEX

AKTIVER ABBAU VON WARTEZEIT hält Complier bei Laune.

Wenn es um reine Kontrolltermine geht, dann sind KONTROLLEN IM VORZIMMER ohne Warten (z.B. RR, BZ, KG) compliancefreundlicher als Beratungen im Sprechzimmer nach Warten. Arzt-Kontakt nur bei Zielabweichungen.

PATIENTENNÄHE bewußt einsetzen! Die »Compliance-Beauftragte« versteht sich nicht als verlängerter Arm des Chefs, sondern als Dolmetscherin zwischen Arzt und Patient.

PLAUSIBILITÄTSKONTROLLE von Wiederholungsrezepten ist eine brauchbare Fährte zur Non-Compliance - nach oben und unten. Karteivermerk für den Arzt, da sich das Thema nicht für die Diskussion am Empfang eignet.

GESUNDHEITSBERATUNG DURCH DIE ARZTHELFERIN trifft auf offene Ohren und unblockierten Geist.

PATIENTENGRUPPEN unter Leitung geschulter Arzthelferinnen zeigen mindestens ebenbürtige Resultate wie ärztlich geleitete.

COMPLIANCE-TELEX

SCHRIFTLICHE TERMINVEREINBARUNG wird zuverlässiger befolgt als mündliche.

Mit einer **NO-SHOW-KARTEI** ist Erinnerungs-Service ein Kinderspiel.

COMPLIANCE-TELEX

SELBSTMESSUNG (z.B. RR, BZ, KG) verbessert die Realitätskontrolle und damit Compliance.

SCHRIFTLICH FIXIERTE SELBSTBEOBACHTUNG verändert Verhalten. Geeignet für Compliance-Probleme mit Tabletten, Kalorien, Zigaretten etc.

PREMACK-PRINZIP: Fixe Koppelung von Verhalten an angenehm erlebte Automatismen macht Compliance mühelos: Tabletteneinnahme zum Beispiel unmittelbar vor dem Morgenkaffee. Aussuchen des optimalen Zeitpunkts unter Mitarbeit des Patienten.

DOSIERSPENDER, mit oder ohne Elektronik, sind hilfreich bei altersbedingten Compliance-Problemen.

EINBEZIEHUNG DES PARTNERS als externe Kontrolle <u>kann</u> Compliance fördern. **CAVE!** bei neurotisch kontrollierender Beziehung!

COMPLIANCE-TELEX

(-)	(+)
externe Attribution(G)	interne Attribution(G)
Beschwerdefreiheit.	Leidensdruck.
Angst.	Sorge.
Komplizierte Medikation.	Einfache Medikation.
Autoritäre Vorschrift.	Gestaltungsfreiheit.
Lange Wartezeit.	Kurze Wartezeit.
Erfolge selbstverständlich nehmen.	»Droge Arzt«.
Tadel bei Mißerfolg.	Mißerfolg umdeuten.
etc.etc.	etc.etc.

Abbildung 3: Compliance als komplexe Balance

COMPLIANCE-TELEX

Compliance - oder Non-Compliance - ist das Resultat komplexer Balancevorgänge auf mehreren Ebenen:

Kognitiv - z.B. mehr oder minder rationale Einsicht in Ursache und Beeinflussbarkeit der Krankheit,

emotional - z.B. Sorge um Krankheitsfolgen vs. Angst vor Nebenwirkungen der Behandlung,

interaktiv - z.B. mehr oder minder solidarische Arzt-Patient-Beziehung,

organisatorisch - z.B. kurze oder lange Wartezeit.

Man wird keine Alles-oder-Nichts-Reaktion erwarten dürfen, bei der ein einzelner Kunstgriff den Ausschlag gibt. Es kommt vielmehr darauf an, möglichst viele Elemente aus der hinderlichen Waagschale zu entfernen und ebenso viele in die förderliche zu werfen - eine lohnende Herausforderung an das ganze Praxis-Team.

GLOSSAR

Attribution: Zuordnung, Zuschreibung; im allgemeinen von Ursache und Veränderbarkeit bei einer Krankheit. Wichtige kognitive Variable für Gesundheits- bzw. Krankheitsverhalten. Wird eine Krankheit, z.B. Fettsucht, in der Laientheorie als erblich bedingt und nicht beeinflußbar erklärt, so ist das eine **externe** Attribution: Das Verhalten ist dem eigenen Einfluß entzogen. Würde Fettsucht hingegen als Folge falschen Essverhaltens gesehen, so wäre das eine **interne** Attribution: Das Verhalten ist von der Person selbst verursacht. Die Konsequenzen für Compliance bei einem Diätprogramm sind evident, zusätzlich experimentell belegt.

Attributionsfehler, fundamentaler: Als fundamentaler Attributionsfehler wird eine weit verbreitete perspektivische Verzerrung benannt. Sie ergibt sich daraus, daß der Mensch, wenn es um ihn selbst geht, vorzugsweise extern attribuiert, wenn es aber um andere geht, intern. Wenn der Patient extern attribuiert, heißt das: Die Gründe für Krankheit oder fehlenden Behandlungserfolg liegen außerhalb seiner Person. Wenn der Arzt das gleiche tut, heißt das aus seiner Perspektive: Krankheit oder Mißlingen einer Therapie liegen für ihn im Verantwortungsbereich des Patienten. Solange man den Attributionsfehler nicht wahrnimmt, bewegt man sich in zwei Welten, redet aneinander vorbei. Entsprechend wenig wird man bewirken können.

Compliance: a) wörtlich übersetzt:
1. Einwilligung, Gewährung, Zustimmung,
2. Willfährigkeit, Unterwerfung.
b) medizinisch: »Bereitschaft des Patienten, bei diagnostischen und therapeutischen Maßnahmen mitzuwirken.« (Roche-Lexikon der Medizin 1984)
»C. kann definiert werden als das Verhältnis zwischen tatsächlicher Therapiedurchführung und Therapiestandard und ist numerisch als Quotient darstellbar. Eine völlige Übereinstimmung zwischen Durchführung und Standard wird durch den Wert 1 bezeichnet. Werte kleiner als 1 entsprechen einem Weniger an Behandlung im Vergleich zum Optimum und Werte größer als 1 einem Mehr.« (Linden 1981)
In jüngerer Zeit haben verfeinerte diagnostische Möglichkeiten zu präziseren Definitionen geführt. Der Informationsgewinn durch MEMS^R**(G)** hat das Interesse vom bloß quantitativen Medikamentenkonsum auf die zeitliche Einnahmetreue gelenkt: C. wird dann strenger definiert als »der Prozentsatz, zu dem verordnete Dosen innerhalb eines definierten Intervalls um die verordneten Einnahmezeitpunkte eingenommen werden« (Urquhart 1990).

drug holiday: Bei Patienten, die aufgrund von Selbstauskunft, Verbrauchskontrollen, zum Teil auch Blutspiegelbestimmungen als gute Complier galten, fiel durch MEMS^R ein besonderes Verhalten auf. Eingebettet in Phasen guter Einnahmetreue kommt es zu einem oder mehreren Tagen Pillenpause, dem »drug holiday«.

Häufig fand sich in diesem Verhalten eine Erklärung für bis dahin unverstandene Behandlungszwischenfälle.

Erstverschlimmerung: Aus der homöopathischen Praxis stammender Begriff. Eine E. (der ursprünglichen Beschwerden) wird vom Homöopathen als günstig bewertet: »Ein gutes Zeichen, da es beweist, daß die richtige Arznei gewählt wurde.« (Dorcsi 1986) Läßt sich auch in der Allopathie als paradoxe Strategie bei überkritischen Patienten einsetzen. Als Vorhersage entspricht es einer Symptomverschreibung (Watzlawick 1986).

Kognitive Dissonanz: Die gleichzeitige Bewußtheit über zwei unverträgliche Inhalte, »dissonante Kognitionen«, löst im Individuum Unbehagen aus. Sie aktiviert in Richtung Verringerung der Dissonanz. Das kann durch Informationsabwehr oder Informationsaufnahme geschehen. Beispiel: Wird ein Raucher über die Gefahren des Rauchens informiert, so hat er zwei dissonante Bewußtseinsinhalte: »Ich bin Raucher.« und »Rauchen ist gefährlich.« Er kann die Dissonanz verringern entweder durch Abwehr, Bagatellisieren, »Verdrängen« der Information, oder durch Aufnahme der Information und Verhaltensänderung zum Nichtraucher. Der erste Modus ist triebnäher und daher häufiger.

Kontingenz-Management: Folgt ein Verstärker unmittelbar auf ein Verhalten, so bezeichnet man diese Beziehung als kontingent. Man kann Kontingenzen, z.B. in Form von sofortigen Belohnungen, willkürlich einführen, um die Wahrscheinlichkeit eines Verhaltens zu erhöhen. Kontingenzmanagement besteht in der Festlegung von Belohnungsstrategien. Der Patient schließt Kontingenzverträge mit sich und anderen ab, um auf diese Weise ein erwünschtes Verhalten, z.B. Nikotinverzicht, zu verstärken.

Kontrollüberzeugung: Persönlichkeitsvariable mit Auswirkung auf Attributionsvorgänge: Glaube an die Schicksalhaftigkeit einer Krankheit oder deren Beeinflußbarkeit durch eigenes Verhalten. Sie kann mehr oder minder realistisch sein. Unrealistische Kontrollüberzeugung kann depressive oder hypomanische Krankheitsverarbeitung bewirken.

MEMS^R: Medication Event Monitoring System, Markenzeichen der APREX Corp., Fremont, Cal. Elektronisches Meßgerät zur Protokollierung der Einnahmetreue. In die Schraubkapsel einer Medikamentenflasche ist ein Mikroprozessor integriert, der Tag und Uhrzeit jedes Aufschraubvorgangs registriert. Bis zu 1100 Öffnungszeiten können gespeichert und später MS-DOS-kompatibel weiterverarbeitet werden.

Erfaßt werden die Öffnungen des Gefäßes, nicht die Einnahme selbst. Zu falsch-positivem Resultat käme es also in dem wohl ungewöhnlichen Fall, daß ein Patient sein Medikamentengefäß jeweils pünktlich öffnet, um dann die Einzeldosis zu vernichten. (Wer Medikamente vernichtet, tut das normalerweise en bloc.)

Messungen mit MEMS^R wurden durchgeführt
– mit Wissen der Patienten zur besseren Objektivierung von Einnahmezeiten in pharmakologischen Studien,
– ohne Wissen der Patienten zur Beobachtung der Compliance selbst,
– mit teilweiser Information, daß die Kapsel einen Zähler enthalte, weshalb Dosen nur einzeln entnommen werden sollen, aber ohne Hinweis auf die Registrierung der Zeit.
MEMS^R wird bisher überwiegend zu Forschungszwecken eingesetzt. Aber auch für die Praxis könnte es ein nützliches Diagnostikum zur Identifizierung von Non-Compliern werden.

Operante Konditionierung: Verhaltensmodifikation durch therapeutische Belohnung bzw. Bestrafung. Im einzelnen möglich durch:
Positive Verstärkung = angenehmen Reiz,
negative Verstärkung = Unterbrechung eines unangenehmen Reizes,
positiven Strafstimulus = aversiven Reiz, Strafe und
negativen Strafstimulus = Entzug eines angenehmen Reizes.

Organminderwertigkeit: Begriff aus der Individualpsychologie Alfred Adlers. Angeborene O. führt zu psychischen Minderwertigkeitsgefühlen. Als Reaktion werden kompensatorische - und überkompensatorische - Mechanismen ausgebildet. Bei manchen juvenilen Diabetikern z.B. betontes Draufgängertum.

Paradoxe Intervention: Psychotherapeutische Strategie, ausführlich beschrieben bei P.Watzlawick, 1986 und G.R.Weeks, L.L'Abate, 1985. Hilfreich im Sprechstundenalltag mit schwierigen Patienten. Vereinfacht dargestellt, verhält man sich nach dem Motto: »Tue das Gegenteil von dem, was ein Arzt normalerweise jetzt tun würde!« Geeignet, verkrustete Kommunikationsmuster aufzubrechen.

parking lot effect: Das Vernichten größerer Verordnungsmengen wird in den USA so bezeichnet, da Patienten dort offenbar mit der Entsorgung nicht auf den häuslichen Mülleimer warten, sondern sie bereits auf den Parkplätzen von Arztpraxen vornehmen. In Kliniken könnte man auch vom Lüftungsschacht-Effekt sprechen.

Premack-Prinzip: Werden neue Verhaltensweisen, z.B. die Einnahme einer Medizin, zeitlich fest an bereits automatisiertes Verhalten, z.B. das Zähneputzen, gekoppelt, so erhöht das die Wahrscheinlichkeit ihres Auftretens. Koppelung an lustvolle Aktivitäten, z.B. den Morgenkaffee, verstärkt den Effekt. Eine weitere Steigerung ist möglich, wenn der Patient in die Suche des optimalen Zeitpunkts einbezogen wird.

Reaktanz: Droht einer Person die Einschränkung einer Verhaltensmöglichkeit, z.B. ein Rauchverbot, so mobilisiert sich automatisch eine Gegenenergie, die Reaktanz. R. zielt darauf, die gefährdete Verhaltensvariante zu

verteidigen. Ihre Stärke hängt ab
- von der Wichtigkeit des bedrohten Freiheitsspielraums für den Patienten,
- vom Umfang der bedrohten Freiheit, bezogen auf die insgesamt verfügbaren Freiheitsspielräume,
- von der Intensität der Freiheitsbedrohung.
Auf die beiden letzen Variablen hat der Arzt Einfluß. Er mindert Reaktanz,
- wenn er an den Verlust einen Freiheitsgewinn koppelt, z.B. durch Fokussieren des finanziellen Spielraums, den der Ex-Raucher für andere lustvolle Aktivitäten gewinnt;
- wenn er den Frontalangriff meidet.

Reattribution: Umdeuten einer Krankheit, in der Regel von Unbeeinflußbarkeit in Richtung Veränderbarkeit. Man wird die Mitwirkung eines Patienten nur dann erwarten können, wenn er glaubt, das zugrunde liegende Problem durch eigenes Verhalten günstig beeinflussen zu können. Steht sein Laienkonzept dem entgegen, so muß der erste Schritt eine Modifikation der laienhaften Vorstellungen sein. Beispiel: Bevor ein Patient mit larvierter Depression ein Antidepressivum einnimmt, wird man ihn überzeugen müssen, daß seine lokalisierten Beschwerden nicht lokal-organisch, sondern zentral verursacht sind. Wie bei jeder Veränderungs-Strategie ist auch hier mit Widerstand zu rechnen.

Redundanz: wörtl. Überfluß. Wiederholtes Vorkommen derselben Information innerhalb eines Textes. Hat im

Alltagsgebrauch oft einen abwertenden Beigeschmack im Sinne von überflüssiger Weitschweifigkeit. Bei Erörterungen mit Patienten eingesetzt, bewährt sich R. als mnemotechnisch nachweislich wirksames Prinzip.

Self-Monitoring: Selbstbeobachtung anhand von Tagebüchern, vor allem Protokollieren des eigenen Verhaltens, z.B. Tagesgestaltung, Mahlzeiten, Rauchen, Schlafgewohnheiten etc. Dient nicht nur als Basis zur Verhaltensanalyse, sondern hat als solches bereits eine verhaltensmodifizierende Wirkung.

Social Change Research: »Erforschung des sozialen Wandels«: Privatwirtschaftlich organisierte, angewandte Feldforschung im Grenzbereich von Soziologie, Demoskopie und Marktforschung. Koordination und Datenbank z.B. durch das International Research Institute on Social Change, RISC, Lausanne. Verfolgt eine große Zahl soziologischer Trends breiter, kontinuierlicher und aktueller, als das durch Universitäts-Institute geleistet werden kann. Zielt auf Anwendbarkeit in Marketing, Öffentlichkeitsarbeit, Personalpolitik und ist unter diesem Aspekt auch für den Unternehmer Arzt höchst interessant.

toothbrush-effect: Vor einem Zahnarzt-Besuch pflegen sich auch solche Patienten die Zähne zu putzen, die sonst nicht dazu neigen. Ähnliches läßt sich auch bei der Pilleneinnahme beobachten. Ein bis zwei Tage vor einem Sprechstundentermin nehmen zahlreiche Non-

Complier ihre Medikamenten-Einnahme wieder auf. Oft gelingt es dem Patienten so, eine mangelhafte Einstellung zu maskieren. Zum Teil resultieren auch kompliziertere Mißverständnisse, wenn man z.B. im Urin Triamteren-Fluoreszenz von der heutigen Einzeldosis findet, aber so gut wie keine Blutdrucksenkung.

Verhaltensmedizin: Sonderdisziplin der psychologischen Medizin. Betont Anwendung verhaltenswissenschaftlicher Erkenntnisse und Techniken auf medizinische Probleme. Behavioristisches Pendant zur psychoanalytischen Psychosomatik.

Kommentierte Leseliste

Frey, D., Irle, M. (Hrsg.) (1984). Theorien der Sozialpsychologie, Band I-III. Bern, Stuttgart, Toronto: Verlag Hans Huber.

Die drei Bände enthalten die Elemente der Sozialpsychologie, die u.a. wesentliche Teile der Verhaltensmedizin theoretisch begründen. Der Leser findet eindrucksvolle Antworten auf die Frage, warum eine von ihren Möglichkeiten hochentwickelte Medizin in der praktischen Umsetzung oft scheitert: Nicht selten aus Mißachtung oder einfacher Unkenntnis sozialpsychologischer Phänomene. Positiv formuliert: Er wird motiviert, sein Verhalten compliance-fördernd zu ändern.

Haynes, R.B., Taylor, D.W., Sackett, D.L. (Hrsg.)(1982). Compliance Handbuch. München: Verlag für angewandte Wissenschaften.

Das Standardwerk zur Compliance aus dem anglo-amerikanischen Raum, in dem nahezu sämtliche Aspekte beleuchtet werden. Das Buch befriedigt vorwiegend wissenschaftliches Interesse, bietet aber auch dem praxisorientierten Leser eine Fülle von Aha-Erlebnissen und Anregungen.

Meichenbaum, D., Turk, D.C. (1987). Facilitating Treatment Adherence - A Practitioner's Guidebook. New York, London: Plenum Press.

Flüssig und unterhaltsam geschriebene Übersicht. Das Spektrum reicht von vielfältigen Strategien für den Hausarzt-Gebrauch bis zum Setting des klinischen Psychologen. Alles ist so praxisnah dargestellt, daß man sich zu eigenen Experimenten ermutigt fühlt. 30 übersichtliche Tabellen fassen das Wichtigste zusammen und ermöglichen raschen Informationszugriff. Mäßige Englisch-Kenntnisse brauchen nicht von der Lektüre abzuhalten.

Miltner, W., Birbaumer, N., Gerber, W.-D. (Hrsg.) (1986). Verhaltensmedizin. Berlin: Springer Verlag.

Für eine wachsende Zahl von Erkrankungen wird der ursächliche Einfluß von problematischem Verhalten sichtbar. Diesem Krankheitsaspekt widmet sich das relativ junge Gebiet der Verhaltensmedizin, das sich aus dem Kontakt von Psychologie und Medizin entwickelt hat. In seiner verhaltenspsychologischen Ergänzung zum gängigen Medizinrepertoire läßt das Buch einerseits die Begrenztheit klassischer Strategien der Primärversorgung deutlich werden, andererseits liefert es damit hilfreiche Ansätze und Anregungen, um therapeutische Sackgassen wieder zu öffnen.

Wahl, R., Hautzinger, M. (Hrsg.) (1989). Verhaltensmedizin. Köln: Deutscher Ärzteverlag.

Im Selbstverständnis der Herausgeber stellt Verhaltensmedizin ein kreatives Denk- und Handlungsmodell dar. Der erste Teil des Buches bringt Grundlagen und Perspektiven, im zweiten Teil findet sich eine Übersicht über den aktuellen Erfahrungsstand mit verhaltensmedizinischen Konzepten. Wer am Miltner, Birbaumer, Gerber Gefallen gefunden hat, hält mit diesem Buch eine kraftvolle Ergänzung in Händen.

Literatur

Alexander, F.G. (1951). Psychosomatische Medizin. Berlin, New York: Springer.

Aumiller, J. (1982). Beeinflussung der Compliance durch die Packungsbeilage. In Philipp, Th., Holzgreve, H., Vaitl, D., Schrey, A. (Hrsg.), Compliance. München: Dr. C. Wolf und Sohn.

Basler, H.D., Brinkmeier, U., Buser, K., Haehn, K.D., Mölders-Kober, R. (1983). Essentielle Hypertonie. Theoretischer Leitfaden zur Verhaltensänderung von übergewichtigen Hypertonikern. Hannover: Boehringer Mannheim.

Berger, M., Grüßer, M., Jörgens, V. et al. mit Standl, E., Mehnert, H. u. Boehringer Mannheim (1987). Diabetesbehandlung in unserer Praxis: Schulungsprogramm für Diabetiker, die nicht Insulin spritzen. Köln: Deutscher Ärzte-Verlag.

Berger, M., Worth, H. (1988). 1. Symposium "Patientenschulung in der Asthmabehandlung", Mettmann 5.-7. Februar 1987. Selecta, 30, 2623.

Binswanger, C., Herrmann, J.M. (1979). Psychosomatische Aspekte des Diabetes mellitus. In von Uexküll, Th. (Hrsg.), Lehrbuch der Psychosomatischen Medizin. München, Wien, Baltimore: Urban & Schwarzenberg.

Bischoff, C., Zenz, H. (1989). Patientenkonzepte von Körper und Krankheit. Bern, Stuttgart, Toronto: Verlag Hans Huber.

Blackwell, B. (1972). The drug defaulter. Clin. Pharmacol. Ther., 13, 841.

Blackwell, B. (1979). Treatment adherence: A contemporary viewpoint. Psychosomatics, 20, 27-35.

Bochnik, H.J., Demisch, K., Gärtner-Huth, C. (1989). Sprechende Allgemeinmedizin. Köln: Deutscher Ärzte-Verlag.

Bochnik, H.J., Gärtner-Huth, C., Richtberg, W.(Hrsg.) (1986). Schwierige Ärzte - Schwierige Patienten. Köln: Deutscher Ärzte-Verlag.

Böhringer Ingelheim (Hrsg.) (1990). Die innere Uhr und Hypertonie. Hilfen für Hochdruckpatienten.

Brähler, E., Scheer, J. (1983). Der Gießener Beschwerdebogen. Bern, Stuttgart, Wien: Verlag Hans Huber.

Bräutigam, W. ,Christian, P. (1981). Psychosomatische Medizin. Stuttgart, New York: Thieme.

Bulk, W. in "Die Ortskrankenkassen", zit.n. Der "mündige Bürger" - eine Fiktion? Arzt und Wirtschaft, 24, 8f. (1989).

Caron, H.S., Roth, H.P. (1968). Patients cooperation with a medical regimen. JAMA, 203, 922-926.
Cegla, U.H. (1990). Peak-Flow - Mißt den denn auch schon Ihr Patient. Therapiewoche, 40, 12, 767.
Cerkoney, A.B., Hart, K. (1980). The relationship between the health belief model and compliance of persons with diabetes mellitus. Diabetes Care, 3, 594-598.
Cramer, J. (1988). Compliance Monitoring in Epilepsy. In Center For The Study Of Drug Development (Hrsg.), Woodbridge, NJ: Tufts University.
Cramer, J.A., Mattson, R.H., Prevey, M.L., Scheyer, R.D. Ouellette,V.L. (1989). How often is medication taken as prescribed. JAMA, 261, 3273-3277.
Crosley, A.P., et al. (1962). Triamterene, a new natruretic agent, Preliminary observations in man. Ann.internal.med., 56, 241-251.
Daunderer, M. (1987). Der ambulante Alkoholentzug in der Kassenarztpraxis, Referate des 15. internationalen Balint-Treffens. Abhängigkeit und Befreiung. Berlin: Springer Verlag.
Doll, R. et al. (1958). Effect of smoking on the production and maintenance of gastric and duodenal ulcers. Lancet, 1, 657.
Dorcsi,M. (1986). Handbuch der Homöopathie. Wien: Orac.
Dunbar, J.M., Stunkard, A.J. (1979). Adherence to diet and drug regimen. In Levy, R., Rifkind, B., Dennis, B., Ernst, N. (Hrsg.), Nutritions, Lipids and Coronary Heart Desease. New York: Raven Press.
Duncan, J.J., Farr, J.E., Upton, S.J. et al. (1984). The effects of aerobis exercise on plasma catecholamines and blood pressure in patients with mild essential hypertension. JAMA, 254, 2609-2613.
Ehlers, A.P.F. (1989). Die Aufklärungspflicht bei Impfungen. In Bayer. Ges. f. Immun-, Tropenmedizin u. Impfwesen e.V. (Hrsg.), Mitteilungen (Bd. 5, S. 3, 6).
Finck, H. (1990). Impfen - Ein Verbrechen an unseren Kindern. Natur & Heilen, 3, 126-133.
Frey, D. (1984). Die Theorie der kognitiven Dissonanz. In Frey, D., Irle, M. (Hrsg.), Theorien der Sozialpsychologie, Band II: Kognitive Theorien. Bern, Stuttgart, Toronto: Verlag Hans Huber.
Friebel, H., Dinnendahl, V., Müller-Örlinghausen, B., Overhoff, H. (1988). Schwachstellen rationaler Verordnung. Dt. Ärztebl. 85, A-2748 - A-2750.
Gärtner-Huth, C. (1986). Simulanten, Hypochonder, Hysteriker und Querulanten. In Bochnik,H.J., Gärtner-Huth, C., Richtberg, W. (Hrsg.), Schwierige Ärzte - Schwierige Patienten. Köln: Deutscher Ärzte Verlag.

Garner, D.M. (1980). Cultural expectations of thinness in women. Psychological Reports, 47, 483-491.

Geisler, L. (1987). Arzt und Patient - Begegnung im Gespräch. Frankfurt a.M.: Pharma.

Gniech, G., Grabitz, H.J. (1984). Freiheitseinengung und psychologische Reaktanz. In Frey, D., Irle, M. (Hrsg.), Theorien der Sozialpsychologie, Band I: Kognitive Theorien, Bern, Stuttgart, Toronto: Verlag Hans Huber.

Gordis,L. (1986). Konzeptionelle und methodologische Probleme bei Messung der Patienten-Compliance. In Haynes, R.B., Taylor, D.W., Sackett, D.L. (Hrsg.), Compliance Handbuch. München: Verlag für angewandte Wisssenschaften.

Gordis, L., Markowitz, M., Lilienfeld, A.M. (1969). A quantitative determination of compliance in children on oral penicillin prophylaxis. Pediatrics, 43, 173-182.

Greenberg, R.N. (1984). Overview of patient compliance with medication dosing: a literature review. Clinical Therapeutics, 6, 592-599.

Haisch, J. (1987). Motivierung und Beratung von Patienten. Z.Allg.Med. Stuttgart: Hippokrates Verlag, 63, 1029-1033.

Hamm, H. (1983). Allgemeinmedizin. Stuttgart; New York: Thieme.

Hartmann, G. (1981). Tabak bei südamerikanischen Indianern. In Völger, G., Welck, K.v., Legnaro, A. (Hrsg.), Köln: Rautenstrauch-Joest-Museum.

Haynes, R.B., Taylor, D.W., Sacket, D.L. (Hrsg.)(1986). Compliance-Handbuch. München: Verlag für angewandte Wissenschaften.

Heilmann, K. (1988). Jährlich 125 000 Tote in den USA durch Non-Compliance. Ärzte-Zeitung v. 6.12.1988, 7.Jg. Dreieich:, 216.

Heilmann, K., Urquhart, J. (1983). Keine Angst vor der Angst. Risiko: Element unseres Lebens und Motor des Fortschritts. München: Kindler.

Heise-Siebe, V. (1975). Persönliche und soziale Probleme der Patienten in freien Praxen. Dissertation. Frankfurt.

Heyden, S. (1988). Hypertonie: Ernährung, Medikament, Verhalten. Frankfurt a.M.: Hoechst.

Hippokrates, Über den Anstand, zit. n. Lachnit, K.S. (1982).

Huhn, W., Rönsberg, W. (1989). Funktionelle und depressive Syndrome in der Allgemeinpraxis. Der Kassenarzt. Frankfurt/M.: Kassenarzt-Verlag, 29, 67-72.

Hulka, B.S. (1986). Arzt-Patienten-Interaktion und Compliance. In Haynes, R.B., Taylor, D.W., Sackett, D.L. (Hrsg.), Compliance Handbuch. München: Verlag für angewandte Wissenschaften.

Jörgens, V., Berger, M., Flatten, G. (1990). Diabetikerschulung in der Arztpraxis. Deutsches Ärzteblatt A, 87, 548-550.

Keys, A., Brozek, J., Henschel, A., Mickelsen, O., Taylor, H.L. (1950). The Biology of Human Starvation. Minneapolis: University of Minnesota Press.

Kielholz, P., Adams, C. (Hrsg.) (1986). Der alte Mensch als Patient. Köln: Deutscher Ärzte-Verlag.

Kienzl, H., Kleinsorge, H., Schaaf, H.P. (1987). Patientengerechte Gebrauchsinformation für Arzneimittel. Stuttgart ,New York: Gustav Fischer Verlag.

Kruse, W. (1988). Compliance Monitoring In Controlled Trials. In Center For The Study Of Drug Development (Hrsg.) Woodbridge, N.J.: Tufts University.

Kruse,W. (1990). Medikamentencompliance - keine Frage des Alterns. Geriatrie Praxis, 3/90, 49-52.

Kruse, W., Schlierf, G., Weber, E. (1989). Dynamically compliance monitoring - its utility for the interpretation of drug trials. European J. Clin. Pharmacol., 36, A289.

Lachnit, K-S. (1982). Geriatrische Aspekte in der Praxis. Köln: Deutscher Ärzte Verlag.

Lanfranc, zit.n. Schipperges, H. (1967). 5000 Jahre Chirurgie. Stuttgart: Franckh.

Lasagna, L. (1988). Executive Summary of the Symposium On Compliance Monitoring. In Center For The Study Of Drug Development (Hrsg.), Woodbridge, NJ: Tufts University.

Ley, P., Bradshaw, P.W., Eaves, D.E., Walker, C.M. (1973). A method for increasing patient recall of information presented to them. Psychological Medicine, 3, 217-220.

Liedtke, R.K. (Hrsg.) (1985). Wörterbuch der Arzneimitteltherapie. Stuttgart, New York: Gustav Fischer Verlag.

Linden, M. (1981). Definition of Compliance. Int. J. Clin. Pharmacol. Ther. Toxicol., 19, 86-90.

Linden, M. (1983). Ärztliche Gesprächsführung. Frankfurt a. M.: Reihe Hoechst Wissen.

Linden, M. (1985). Krankheitskonzepte von Patienten. Psychiat. Prax., 12, 8-12.

Linden, M. (1986). Compliance. In Dölle, W., Müller-Örlinghausen, B., Schwabe, U. (Hrsg.), Grundlagen der Arzneimitteltherapie. Mannheim, Wien, Zürich: BI Wissenschaftsverlag.

Meichenbaum, D., Turk, D.C. (1987). Facilitating Treatment Adherence - A Practitioner's Guidebook. New York, London: Plenum Press.

Meier-Ruge, W. (Hrsg.) (1987). Der ältere Patient in der Allgemeinpraxis. Basel: Karger.

Meyer, W.-U., Schmalt, H.-D. (1984). Die Attributionstheorie. In Frey, D., Irle, M. (Hrsg.), Theorien der Sozialpsychologie, Band I: Kognitive Theorien. Bern, Stuttgart, Toronto: Verlag Hans Huber.

Miltner, W., Birbaumer, N., Gerber, W.-D. (Hrsg.) (1986). Verhaltensmedizin. Berlin: Springer Verlag.

N.N. (1988). Rauchen-Dokumentation '88. Monheim: Schwarz Pharma GmbH.

Parsons, T. (1951). The Social System. London: Routledge & Kegan.

Peterson, W.L. et al. (1977). Healing of duodenal ulcer with an antacid regimen. New Engl. J. Med., 297, 341.

pharma dialog (1984). Das Arzneimittel als Risiko. .

Philipp, Th., Holzgreve, H., Vaitl, D., Schrey, A.(Hrsg.) (1982). Compliance - Probleme zwischen Arzt und Hochdruckpatient. München: Dr. C. Wolf & Sohn.

Plassmann, E. (1989). Impfungen bei Erwachsenen. Ärztliche Praxis, 41, 1235f.

Premack, D. (1965). Reinforcement theory. In Levine, D. (Hrsg.), Nebraska symposion on motivation. Lincoln: University of Nebrasca Press.

Rathgeber, W. (1979). Medizinische Psychologie und Medizinische Soziologie. München: Freytag & Müller.

Renner, R. (1986). Der mündige Patient. In Bayerische LÄK und KV Bayerns (Hrsg.), Schriftenreihe der Bayerischen Landesärztekammer (Bd. 70, S. 86-94). München: Bayerische Landesärztekammer.

Renseim, F. (1988). Compliance - Das Dilemma der Patienteninformation. Der Kassenarzt.

Rönsberg, W., Huhn, W. (1988). Anspruchsvolle Patienten. Berlin: Synchron.

Roth, E. (1950). Der Wunderdoktor. München: Hanser.

Rovelli, M., Palmeri, D., Vossler, E., Bartus, S., Hull, D., Schweizer, R. (1989). Noncompliance in Organ Transplant Recipients.Transplantation Proceedings, 21, 833-834.

Sackett, D.L. (1986). Ein Praktikum der Compliance für den vielbeschäftigten Praktiker. In Haynes, R.B., Taylor, D.W., Sackett, D.L. (Hrsg.), Compliance Handbuch. München: Verlag für angewandte Wissenschaften.

Sandler, B. (1986). Vollwerternährung schützt vor Kinderlähmung und anderen Viruskrankheiten. Lahnstein: emu.

Schivelbusch, W. (1980). Das Paradies, der Geschmack und die Vernunft: Eine Geschichte der Genußmittel. München,Wien: Karl Hanser Verlag.

Schwabe, U., Paffrath, D.(Hrsg.) (1989). Arzneiverordnungsreport `89. Stuttgart,New York: G. Fischer Verlag.

Siegrist, J. (1977). Lehrbuch der Medizinischen Soziologie. München, Wien, Baltimore: Urban & Schwarzenberg.

Stalder,J. (1985). Die soziale Lerntheorie von Bandura. In Frey, D., Irle, M. (Hrsg.), Theorien der Sozialpsychologie, Band II: Gruppen- und Lerntheorien. Bern, Stuttgart, Toronto: Verlag Hans Huber.

Stickl, H.A., Kunz, C.(Hrsg.) (1989). Moderne Impfungen. Berlin, Heidelberg, New York: Springer.

Stunkard, A.J. (1982). Obesity. In Bellack, A.S., Hersen, M.,Kazdin, A.E. (Hrsg.), International handbook of behavior modification and therapy. New York: Plenum Press.

Stunkard, A.J. (1986). Regulation of Body Weights and Its Implications for the Treatment of Obesity. In Carrube, M.O.,Blundell, J.E., (Hrsg.), Pharmacology of Eating Disorders: Theoretical and Clinical Developments. New York: Raven Press.

Troschke, J.v., Stößel, U. (Hrsg.) (1981).Möglichkeiten und Grenzen ärztlicher Gesundheitsberatung. Freiburg: GESOMED.

Uexküll, Th.v. (Hrsg.) (1979). Lehrbuch der Psychosomatischen Medizin. München, Wien, Baltimore: Urban & Schwarzenberg.

Urquhart, J. (1989). Noncompliance: the ultimate absorption barrier. In Prescott, L.F., Nimmo, W.S. (Hrsg.), Novel Drug Delivery and Its Therapeutic Application. New York: John Wiley & Sons .

Urquhart, J. (1990). Pharmaco-psychology or How the brain and behavior affect the way drugs act. unveröffentl.Manuskript für Methods in Psychopharmacology vol 3.

v. Ohlshausen, K. (1988). Sonderbericht vom Regensburger Nitratsymposium. MWI-Medizinisch Wissenschaftliche Informationsdienste. Neu-Isenburg: Ärzte-Zeitung, 29.4, 23.

Vaitl, D. (1981). Einflußparameter auf die Compliance. In Philipp, Th., Holzgreve, H., Vaitl, D., Schrey, A. (Hrsg.), Compliance. München: Dr. C. Wolf und Sohn.

Vetter, H., Vetter, W. (1986). Praktische Hypertonie. Stuttgart, New York: Georg Thieme.

Wagener, P. (1988). Compliance Probleme bei Rheumapatienten: Was tun? In Leitmann,J. (Hrsg.), Kolloquium (9, S. 2-3). Düsseldorf.

Wahl, R., Hautzinger, M. (Hrsg.) (1989). Verhaltensmedizin. Köln: Deutscher Ärzte Verlag.

Waibl, K., Bayer, M. (1989). Grenzen der Aufklärung überschritten. Fortschr. Med., 107, 74f.

Walther, E. (1981). Kulturhistorisch-ethnologischer Abriß über den Gebrauch von Tabak. In Völger, G., Welck, K.v., Legnaro, A. (Hrsg.), Köln: Rautenstrauch-Joest-Museum für Völkerkunde.

Watzlawick, P. (1986). Die Möglichkeit des Andersseins. Bern, Stuttgart, Wien: Huber.

Weber, E. (1982). Der Überdruß mit der Compliance. Herz und Gefäße, 2, 741.

Weber, E. et al. (1977). Patienten Compliance. Baden-Baden: Verlag G. Witzstock.

Weeks, G.R., L'Abate, L. (1985). Paradoxe Psychotherapie. Stuttgart: Enke.

Wesiack, W. (1980). Psychoanalyse und praktische Medizin. Stuttgart: Klett-Cotta.

Westenhöfer, J., Pudel, V., Maus, N., Schlaf,G. (1987). Das kollektive Diätverhalten deutscher Frauen als Risikofaktor für Eßstörungen. Aktuelle Ernährungsmedizin, 12, 154-159.

WHO (1980). Hypertension related to health care - research priorities. Report on a WHO consultation. Euro reports and studies. Copenhagen: 32.

Willms, B. (1986). Praktische Hinweise zur Diabetes-Behandlung. Frankfurt/M.: Hoechst.

Wyss, W. (1986). New Marketing. Adligenswil: DemoSCOPE.

Zander, W. (1977). Psychosomatische Forschungsergebnisse beim Ulcus duodeni. Z. f. Psychosom. Med., 7.

Zerssen, D.v., Koeller, D.-M. (1976). D-S-Skala. Testmanual. Weinheim: Beltz.

REIHE MENSCHENFÜHRUNG IN DER ARZTPRAXIS

Herausgegeben von der Gesellschaft für Forschung und Beratung in der Allgemeinmedizin
Dr. Wolfgang Huhn - Dr. Wolfgang Rönsberg
Berlin - München

Band 1:
Anspruchsvolle Patienten

Band 2:
Trainingsheft mit praktischen Übungen zu Band 1

Band 3:
Patientenorientierte Personalführung von A - Z

Band 4:
Der Arzt als Teamchef
Trainingsheft zur Praxiskonferenz

Band 5:
Compliance
Kreative Strategien für Vor- und Sprechzimmer

Band 6:
Zeitmanagement in der Arztpraxis

Weitere Informationen:
Gesellschaft für Forschung und Beratung in der
Allgemeinmedizin - Dr. W. Huhn - Dr. W. Rönsberg
Postfach 42 05 44 - D - 1000 Berlin 42
c/o Synchron Verlag - Ullstein Haus - Tel: 030 - 706 20 23
Fax: 030 - 705 02 17